我
们
一
起
解
决
问
题

BRILLIANT BODY LANGUAGE

IMPRESS, PERSUADE AND SUCCEED WITH THE POWER OF BODY LANGUAGE

了不起的身体语言

如何用好非语言技能

[英] 麦克斯·A.埃格特(Max A. Eggert) 著 / 丁敏 译

人民邮电出版社

北 京

图书在版编目（ＣＩＰ）数据

了不起的身体语言：如何用好非语言技能 /（英）麦克斯·A.埃格特著；丁敏译. -- 北京 : 人民邮电出版社，2020.9
ISBN 978-7-115-54553-4

Ⅰ．①了… Ⅱ．①麦… ②丁… Ⅲ．①心理交往－社会心理学－通俗读物②身势语－通俗读物 Ⅳ．①C912.11-49②H026.3-49

中国版本图书馆CIP数据核字(2020)第135366号

内 容 提 要

如何给他人留下良好的第一印象？社交时哪些非语言沟通行为能为自己加分？如何在重要场合影响、说服他人？人以群分的真正含义是什么？能让自己更有魅力和吸引力的身体语言有哪些？如何运用身体语言克服焦虑、展现自信？

上述这些问题都涉及一门学科——身体语言心理学。人与人之间 93% 的信息交流都是通过非语言沟通进行的，管理心理学家麦克斯·A.埃格特传授的兼具科学性和实操性的策略和技巧，能帮助读者打造融洽的人际关系、提升社交技能、给他人留下良好的印象、洞悉他人的真实想法和感受、控制焦虑并展现自信。本书提供的建议适合在职场、生活、恋爱、婚姻等所有场合运用，它们可以助力我们在实现自我提升的同时做到知己知彼。

希望每一个阅读本书的人都可以收获令人愉悦的社交经历，在人际关系中心怀善意地把控局面。

◆ 著 ［英］麦克斯·A.埃格特（Max A.Eggert）
译 丁 敏
责任编辑 田 甜
责任印制 彭志环

◆ 人民邮电出版社出版发行 北京市丰台区成寿寺路 11 号
邮编 100164 电子邮件 315@ptpress.com.cn
网址 https://www.ptpress.com.cn
北京天宇星印刷厂印刷

◆ 开本：880×1230 1/32 拉页：1
印张：7.75 2020 年 9 月第 1 版
字数：140 千字 2024 年 12 月北京第 23 次印刷
著作权合同登记号 图字：01-2020-2359 号

定 价：59.00 元
读者服务热线：（010）81055656 印装质量热线：（010）81055316
反盗版热线：（010）81055315
广告经营许可证：京东市监广登字20170147号

本书赞誉

不说话能不能表达？可以的，表演艺术中的默剧能让不同的人看懂并共情。不说话能不能沟通？也是可以的，"心领神会"这个成语就诞生在非语言交流的场景下。同一句话，为什么由不同的人表达会产生不同的效果？《了不起的身体语言》可以给出答案。

——中信建投证券股份有限公司人力资源部总监、
《写给管理者的读人笔记》作者 胡炜

在面试中，面试官要恪守一条铁律——不把身体语言设置为测试标靶，因为身体语言是直觉语言，不是理性语言。如果面试官能把身体语言要素化、因果化，他就具备了把身体语言设定为测试标靶的认知能力。这本书不仅能提升面试官的认知能力、拓展其面试甄选的判断依据，还能提高面试者的成功概率，值得认真品读。

——面试心理学专家　刘向明

全方位的沟通技能永远是职场人必备的职业素养，有时你需要掌握比说话更有效的沟通技巧——身体语言。无论是商务谈判，还是职场面试，非语言沟通力往往是人们容易忽视的能力。这本书可以为你带来从容的职场经历和成熟的人际关系，我强烈推荐。

——思科大中华区人力资源总经理　吴汶錡

身体是藏不住秘密的，你的微笑、站姿、手甚至眼神，都能传递信息。读《了不起的身体语言》，让你的身体学会说话，为社交影响力加分。

——沟通教练、心理科普畅销书《学会说话》作者　张心悦

我一直在演讲培训中教授学员如何运用身体语言去提升影响力，因为"如何说"比"说什么"更重要。《了不起的身体语言》是一本非常专业的书，我准备把它作为授课的参考用书。

——国际演讲协会全国演讲冠军、世界五百强演讲教练、

《全脑演讲》作者　大卫祁

语言的价值被广泛重视，而身体语言潜在的巨大价值却常常被忽视。本书提供了很多识别和运用身体语言的方法，帮助我们在提升自我的同时更加了解他人，用更加包容和积极的心态温暖和影响身边的每个人。

——有书创始人、CEO　雷文涛

目录

引言

人，拥有多种感觉，而说话不是惯常行为。

——雷·博威斯特（Ray Birdwhistell），美国人类学家

一切始于开口前

说话不是人类的惯常行为！你在脱口说出某个词语之前其实就在与人沟通了。婴儿感到饥饿、不舒服、疼痛，或者对母亲的要求不知所措时可能会哭，细心的母亲能辨识这些哭声的不同含义。微笑、皱眉、焦虑的神情甚至比词语更容易让人理解。

作为灵长类动物，人类早在发明文字之前就会沟通了。那时人类使用的也是一种复杂的语言——想象一下自己与家族或部落的其

他成员用石刀和木矛制作长矛武器去制服一头比自己重 30 倍，力气比自己大 30 倍的长毛象，如何做到？

查尔斯·罗伯特·达尔文（Charles Robert Darwin）很早就注意到动物的情绪信号在人类身上也有体现。当类人猿感到快乐、恐惧和疼痛时，它们的面部特征与人类相似。我们对这种现象的观察是研究人类身体语言的一部分。

人类甚至不用张口说话也能传递、解读复杂的信息。军队中有一种轻度侵犯类型叫作"默默不服从"。例如，你做了某种行为，意在表达不服从上级的命令，而上级也对此做出了正确的解读，此时，即使你一句话都没说也依然会遭到控诉。

身体语言是词语餐桌上的佐料

　　试想一下，如果演员只是在舞台上滔滔不绝地说着单调的台词，那该多么无趣啊！无论剧本内容多么生动，一部优秀的剧作都离不开演员的身体语言和话语的表达方式。演员不仅用肢体表达情绪、情感，还会展现一些细微的动作，例如，说台词时，其手部动作如同一句话中的逗号和句号；为了强调重点，他们会用全身动作"另起一段"，提示观众留意接下来出现的新情绪或关键的细微差别。

　　小丑将这种表演技能发挥到了极致，有时就连幼儿也能轻松理解小丑表演的复杂的故事情节和其中的幽默。事实上，拥有这种能力是一件好事，如果演员能根据自身的性格和剧情的发展运用适当的身体语言，那么经过观察和练习，我们也能像演员一样做到这些。

在阅读本书时，你会在不同的章节发现一些似曾相识的内容。微笑——作为一种概念或一个词语——会在后文中出现 80 多次。身体语言是人类互动的基础，就像主厨手中的厨具，这些动作会根据不同的社交情景为烹饪不同的美食添加佐料。

第 1 章

独特的第二语言

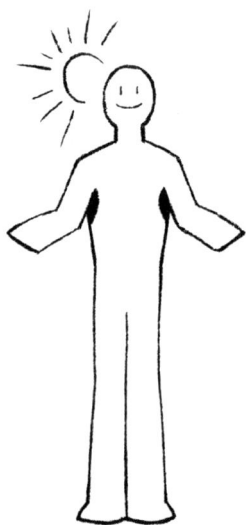

什么是身体语言

身体语言是指人们在与他人沟通时，有选择地调动全身各部位，包括人们在谈话、倾听，甚至思考时身体的所有动作。也就是说，我们从头到脚都在无意识地传达着信息！

身体语言的界定

身体语言属于非语言沟通（Non-Verbal Communication, NVC）。着装的款式和搭配，打招呼、走路的方式，甚至吃饭的仪态都能给他人留下印象。请注意，沟通并非仅仅凭借词语才能实现，它还包括我们从已掌握的词汇中斟酌词句，考虑如何选择特定的词语以及如何串连成句才能恰当地表达语义。

手势能表达某些特定的词语或短句，例如，竖起拇指表示"赞同"，打响指表示"完美""很棒"，等等。这些手势容易被领会，但不同的文化会赋予手势不同的含义。这些手势是人们刻意做出的，不算严格意义上的身体语言，在此我们不予讨论。

身体语言为何如此强大

人类是否早在使用正式语言（包括词汇和语法规则）之前就能通过身体语言和符号进行沟通了？关于这个问题也许会引发激烈的争论。随着人类认知能力的提升，正式语言也得以发展。

一些语言神经心理学家认为，人类大脑可能会自动沟通并理解无意识身体语言的细微差别。保罗·埃克曼（Paul Ekman）在有关面部信号的著作中告诉读者，人类的面部能传达六种基本情绪——愤怒、厌恶、恐惧、快乐、悲伤和惊讶。它们是全球通用语言，无论是最原始的部落文化，还是最高级的文明社会都能领会它们。

就连婴幼儿也能表达情绪。下页图中，左图中吮吸手指的宝宝很开心，右图中的小男孩则露出了恐惧的表情。两幅图都可以表明，我们的面部能表达情绪，其中有些表情是我们与灵长类动物共有的，它们可能固存于人类的大脑之中。

> **定义**　**身体语言**
>
> 身体语言是指我们通过面部表情、手势、动作和姿势进行的非语言沟通，它们几乎是在无意识状态下进行的。

身体语言的功能

身体语言是正式语言交流的催化剂，它们的含义、细微差别和暗示具有延展性。如果对方能凭直觉理解你的身体语言，同时你也能理解对方的身体语言，那么你们相处起来就好似有了一只魔力工具箱。你会领会和理解他人是否在说真心话，判断他们是否喜欢你，以及他人对某个话题或情形有何感受。例如，要完全领会"他们喜欢吃苹果"或者"捕猎行为令人反感"这些话，不能仅靠字面意思，还必须借助说话人的诸如身体语言这类非语言沟通方式。

下图中男子的表情属于六种基本情绪中的哪一种？你能找到七个依据来支持你的结论吗？答案详见附录 1。

有时，理解身体语言有助于评价某人对某一情形的回应方式是否恰当，以及预料他们接下来可能会做些什么。

示例 身体语言在社交活动中具有催化剂的作用。有经验的主人明白，当晚宴宾客口头上婉拒"再来一块蛋糕"时，主人应当再为客人上一份蛋糕，因为这位宾客的身体语言表明他真的想再吃一块（暂不考虑这样做是否会导致胆固醇升高），只是客人出于礼节不好意思接受而已。

为何要重视身体语言

40 多年前，阿尔伯特·梅拉宾（Albert Mehrabian）教授（一名对心理学感兴趣的工程师）指出，某些面对面的沟通包含了三个主要方面（当个体想解读对方的态度时尤其值得关注）：

- 对方说的话，即语言；
- 对方说话的表达方式；
- 说话者的身体语言。

研究旨在帮助我们理解他人，尤其是解读他人的感受和态度。研究结论令人惊讶：如果某人的身体语言与其所说的话不相符（心理学家称之为"不一致"），那就要以其身体语言为准。这个结论出乎一些研究者的预料。下图给出了三种沟通渠道的占比。

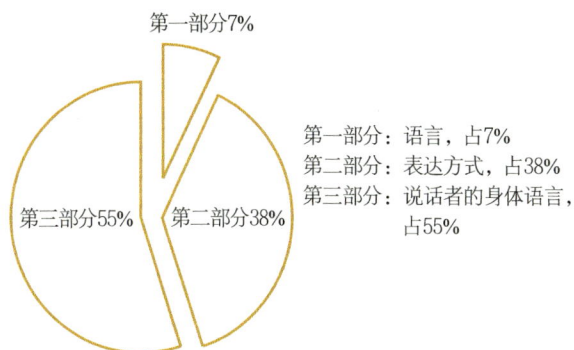

第一部分7%

第一部分：语言，占7%
第二部分：表达方式，占38%
第三部分：说话者的身体语言，
占55%

第三部分55%　第二部分38%

虽然基于梅拉宾教授的结论所做的许多后续研究质疑了这些百

分比，但我们仍要承认，理解和领会身体语言对于人类就如同吃饭般重要。

如果对方希望你能理解其所说的话，那么他会选用特定的词语，如果你想揣摩对方的真实意图，就要留意他们是如何组织这些语句的。

影响力

身体语言对整个社会都意义重大。

- 我们想被他人理解，想在家庭、社会和工作中顺畅沟通。
- 我们想真正理解他人，了解他人是如何表达自己的。
- 与朋友谈话、面试、遇到销售机会或在商务谈判中，我们想巧妙地说服对方（无论对方是敌是友）。
- 我们想知道对方是否说了真话，甚至还希望知道对方是否正在影响我们的想法。
- 我们想识别语言中包含的情绪、情感，以便在他人感到痛苦时洞悉对方的想法，或者当他人想利用我们时我们会有所防范。
- 我们想准确预测某人接下来会做什么。

总之，如果我们想理解他人的真情实感和情绪变化，洞察其观点和行为的意义，就要借助身体语言和非语言沟通技巧。

身体语言与个人成就

反观自身，如果你想更高效地做事，同样需要了解自己的身体语言。

> 没有人能自全，没有人是孤岛，每人都是陆地的一片，要为本土应卯那便是一块土地。
>
> ——约翰·多恩（John Donne）

这是约翰·多恩在《沉思录》（*Meditation*）第十七篇中所写的感言，其所言的确是事实。每个人都与他人在社会中共存，而沟通架起了人与人之间的桥梁。若想获得成功，我们就要有效地与他人建立联系。我们越能理解自己的身体语言和非语言沟通，就能离成功越近。

每年各类组织机构会投资数千英镑[1]培训销售人员，目的在于让他们学会理解他人的身体语言，并且控制自己的身体语言。如果投资回报不高，那么投资的意义何在？

---

[1] 1 英镑约合人民币 9.088 元。——编者注

沟通中最重要的是能听出弦外之音。

——彼得·德鲁克（Peter Drucker），现代管理学之父

注意事项

我们会发现身体语言不一定谨遵因果规律。在因果关系中，先发生事件 A 才会发生事件 B。例如，击打高尔夫球，让球朝着既定的方向飞出，球飞出的方向反映的是击球的角度，而球能飞多远则有赖于击球的力度。因果规律只适用于无生命的事物，身体语言则相反，某人做了事件 A 不代表事件 B 一定会随之发生，许多变量和背景因素构成了等式中的事件 A，包括你对事件 A 的反应。

从常理看，身体语言不会对人设置条条框框。人各有异（你自身和实际情境都是独一无二的），我们应该灵活运用身体语言，各种例外情况都有可能出现。这里我们特意用了"注意事项"，而非"规则"或"规律"。"注意"（caveat）一词来自拉丁语，与虚拟句态"希望你当心一些"的含义相似。

我们即将进入丰富多彩的身体语言世界，在此之前我们需要警惕因误解身体语言而带来的危险。无论我们正在进行何种活动，忽视某些方面都容易让我们身处险境。

注意事项 1：综合考虑身体语言组合

正所谓"一燕不成夏"，身体或面部的单一动作或表情不一定拥有特定的含义。

触碰鼻子的动作可能具有以下含义：

- 鼻子痒；
- 鼻子上长了颗痘痘；
- 想用某一个鼻孔呼吸；
- 想清理鼻孔；
- 感到紧张。

当某人开心、紧张或生气时，就会做一些类似于触碰鼻子的小动作，所以，摸鼻子不一定表示某人正在说谎。

同理，朋友与你聊天时不与你对视，可能是因为他发现了更有趣的事，你不应该匆忙下结论认为对方在撒谎。但如果对方接着出现如下三四种身体上的变化，你基本就能肯定他是在编造谎言了：

- 身体突然动了一下；
- 喉结快速上下移动；
- 音量和音调变化；

- 干咳；

- 微笑的次数明显增多；

- 眨眼的次数明显增多；

- 眉头紧锁；

- 手朝嘴的位置移动。

下图所示的是"不协调"组合。图中男士在拍手，该动作通常表达的是欣赏或赞同，但其表情却出卖了其真实想法。

识别人的行为组合有助于我们理解其行为背后的真实含义。能够意识到有人试着诱导自己是非常有帮助的，更有意义的是，你知道如何表现自己，这样你就可以让自己更具有说服力了。

小贴士 运用、领会身体语言时谨记注意事项1：务必综合考虑身体语言组合。

抱住双臂表示自我防卫，这个道理众人皆知。事实可能如此。这么做时不妨考虑为何有人想抱住双臂？试着找出至少五种原因（附录1中列出了一些可能的原因）。

如果某人抱住双臂时身体靠向椅背，眼睛朝下看，脚轻轻打着节拍，匀速呼气，那你一定摸不透这个人在想些什么。即便这样，他可能也只是在想某天早上与伴侣的争论。

注意事项2：身体语言沟通贯穿一生

你在很小的时候就能运用语言进行沟通，有时甚至还能以此影响大人，这听上去是不是一件有趣的事？研究显示，用正式的语言进行沟通在人类进化史上是新兴现象。自然界有上千万种复杂的社群组织，它们不需要借助语言组织种群生活，如蚂蚁、蜜蜂和鱼类等。哺乳动物通过姿势、表情和目光进行沟通。严格意义上讲，人类是高度依赖沟通的物种，我们能够选择表达自己的语言。

每位母亲都深信自己的宝宝天资聪慧，无论事实是否如此，九个月大的女婴（男婴则稍晚一些）即使只能使用音素或单音节，她们也能与大人交流，甚至支使大人！蚂蚁、蜜蜂和鱼类不用通过语言也能组建复杂的社群。作为成年人，我们即便不说话也能表达自己的情绪、情感、愿望和志向。

奇妙的是，女性一天平均会说 24 000 个单词，尽管这一数字尚未被科学研究证实，但凭我的经验这种说法基本符合实情。男性的话则要少得多，一天一般说 12 000 个单词。而这两个数字与我们每天在非语言沟通中运用的身体语言和传递的信息相比则显得微不足道。

每天，我们与伴侣、朋友、同事和陌生人之间传递、接收的非语言信息数以万计，这还仅限于面部表情，尚未考虑肢体动作和相应的着装。

小贴士 　　当我们尽最大努力控制身体语言时，我们就会增加自身的优势！

在思考或表达感想之前，身体会移动，动作的变化能反映相应的情绪。这些是情不自禁发生的，没有人可以控制。研究发现，如果我们只听对方说出口的话，那么我们会漏失对方要表达的 75% 的含义。

多数身体语言是在无意识中瞬间产生的，它们能对情境即刻做出反应。所以，如果我们能识别他人的身体语言，就等于拥有了令人称羡的社交优势。

注意事项 3：身体语言透露真相

我们能选择说话的内容，也可以选择说话的方式，如恐吓、直截了当和撒谎等，甚至还能选择缄口不语，但我们无法隐藏自己的真实感受和情绪。

> 人类的眼睛与唇舌一样善于交流，而眼睛的优势在于无须词典就能被世界范围内的人所理解 。
>
> ——拉尔夫·沃尔多·爱默生（Ralph Waldo Emerson），
> 美国哲学家

每个人都有言不由衷的时候，有时还会说反话！想必大家反复听到过"真有趣啊""真迷人""太有用了""真有帮助""太有建设性了""太可爱了"等夸赞，最好把这些理解为对方在我们面前努力表现得彬彬有礼，而非对我们的挖苦讽刺！

当一个人对自己的话深信不疑并尽最大努力表达出来时，这时其身体语言与其所说的话会保持一致，否则便会在其面部、肢体、语速和考虑时长上留下"不一致"的痕迹。务必让言行保持一致！

外部迹象能让我们感觉到有些事不对劲。一位学者曾说："如果说话的权利被剥夺，唯一剩下的沟通方式就是身体语言了，这样一来真相便无处遁形！"

我们应该庆幸自己没有被他人利用或被人愚弄。

简而言之，当某人与我们交流、互动时，我们要留心自己所听到的和所看到的是否一致。如果发现不一致，那我们就要相信自己的眼睛。

注意事项 4：意外的变化

侦探和审讯员在培训中要留意嫌疑人突然变化的身体语言。嫌疑人感到自负时会一时逞能，突然做出如下举动：身体绷直，靠向椅背，脚来回动，手接触身体某些部分。这时审讯员就知道自己问到了敏感问题，有必要进一步审问了。

示例 　身体语言也适用于相反的情形：无辜的嫌疑人接受审讯时会传递出紧张焦虑的信号，因为他们此前从未进过警局。侦探明知嫌疑人是开着一辆轿车逃逸的，却故意谎称："有三位目击者看到你驾驶一辆摩托车逃走了，所以一定是你干的。"如果嫌疑人是无辜的，他表现的依旧是紧张焦虑的神情；如果他真的是银行劫匪，其身体语言会突然发生变化，他会想："太棒了！我们逃过一劫……警察的证据显然不足，我是开货车离开的。"这时嫌疑人会立刻露出轻松的神情，例如，停止咬嘴唇，让紧绷的身体放松下来。或许，嫌疑人的表情会有点异样，直直盯着侦探的眼睛仿佛在说："伙计，你还蒙在鼓里呢！"其实嫌疑人这样做反而暴露了自己。

小贴士　　　　一般来说，动作突然发生变化总会具有某种含义。

注意事项 5：身体语言不是千篇一律的

某些面部表情大家都有，而在个人独特性、环境和主流文化的影响下，人们又会发展出属于自身的独特的身体语言类型，在极端情况下还会出现心理学家常说的"小动作"（tics），扑克玩家称之为"露底"。多数男性几乎可以在妻子说"……还有一件事"之前就从妻子特有的表情中猜出她还有话要说。多数女性知道，当丈夫说"好的，亲爱的"这样的话时，他其实并未注意妻子刚才在说些什么！

根据注意事项 3，我们与某人相处得越久，就越能明白其话语究竟要表达何意。即便已经成年，我们仍然骗不了自己的母亲！

扑克玩家戴墨镜是为了防止对方发现自己瞳孔放大，这样对方就摸不清自己的底牌了。

注意事项 6：结合情境领会身体语言

不同的社会情境对行为的容忍度不同。与贝都因人[1]共餐后打饱嗝意味着表示感谢，被视为一种礼貌；而我们在外就餐打嗝可能会招致不满。我们都知道，英国公司规定员工不准在公共场合打嗝。

用掷飞镖的手势（让食指和大拇指碰到一起）打响指，在欧美文化中表示完美之意，而在南美文化中则被视为粗鲁之举。

理解身体语言及其信号就像划船，如果只划"信号之桨"就会原地打转。我们还要借助另一侧的"情境之桨"，同时摇动双桨才能划向明朗的水域。

简而言之，我们需要根据具体情境运用身体语言，基于修养、社会文化塑造自身，这要求我们时刻保持品行端正，守节奉礼。

小贴士　　　　　问问自己：情境或文化对身体语言会产生影响吗?

---

[1] 贝都因人（Bedouins）是以氏族部落为基本单位，过着游牧生活的阿拉伯人的一支。——编者注

小结

- 人人熟谙身体语言。

- 身体语言赋予语言完整的含义。

- 身体语言悄悄告诉我们他人下一步的行动。

- 想理解他人，就有必要掌握一些身体语言。

- 理解身体语言对建立融洽的人际关系至关重要。

- 务必综合考虑身体语言组合。

- 身体情不自禁会"说话"。

- 身体语言不容易说谎。

- 身体动作的突然变化通常都有其含义。

- 身体语言不是千篇一律的。

- 在具体情境中领会身体语言。

接下来，本书将带你进入身体语言的奇妙世界。首先了解如何与他人保持适当的距离。

第 2 章

人际距离与空间关系

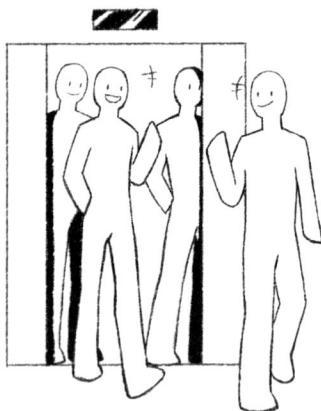

公共空间、私人空间和私密空间

人类有强烈的领地意识，当领地被侵入或侵犯时会立刻察觉到。空间关系对日常生活会产生巨大的影响。

定义 **空间关系学**

空间关系学有关人类利用空间进行交流的现象和理论，是一种特别的文化阐释方式。

维护空间主权以求内心的满足常常是人类下意识的行为。就像动物用尿液标记它们的领地一样，人类用家具、篱笆，甚至婚戒来满足类似的需求。控制领地和所有权的需求普遍存在——我们在家里有自己最喜欢坐的靠椅，在健身馆使用常用的器械，去餐厅吃饭习惯坐老位置，当我们的固定座位被他人占去时便会有怨言。

动物有"战斗或逃跑反应"，若你侵犯其私有领地，它们就会躲闪；若你踏入它们的私密空间，它们一般会上前迎战。

有人未经允许不小心闯入一名女子的私人空间，她见状转身走开；若该人未领会其意而继续冒犯，就会遭到该女子的白眼或痛击。

个人空间

每个人都有个人空间，进入对方的个人空间可能会有一定的风险。

谈论身体语言之前有必要理解人际距离（空间关系）对调节非语言沟通的直接影响。

人际距离传达接纳、鼓励或拒绝之意。简而言之，如果你喜欢或想支持某人，那你会靠近他们，反之则不然。

大家都知道"电梯礼仪"，这是一个经典的例子，电梯空间有限，这迫使陌生人进入一个非常规的社交区域。无须借助法规或人际关系培训，人们就能遵守以下五种规则。

规则 1

假设客梯里已经有两位以上的乘客，这时你会径直走到你要站的位置，而不会想着中途去捡掉在地上的钱，并且你会一直站在那个位置直到下电梯（也许有人会在你之前先离开电梯）。

规则 2

你不得目视其他乘客（或他们的上半身）。

- 假设电梯里有位女士侧身而立，站在一旁的男士就要一直盯着其他固定的地方看。
- 女士可以用余光敏锐地扫视四周，她们讨厌被人盯着。

规则 3

- 如果有一面镜子，男士会假装他在调节领带或掸走实际上并不存在的毛絮，从而得以偷偷看几眼身边的女士。

规则 4

- 两名女士要乘电梯超过三层，其中一人会静静地盯着另一个人的鞋子，确定品牌、价格、购买时间，是否与场合和着装相配，最后推断鞋子主人的性格，慎重考虑自己是否认同对方。

规则 5

无论男女均可以根据个人的喜好选择盯着地板或电梯的指

示灯。

规则 5 在下列情形下或有例外。

- 假设电梯里有婴儿或幼童，这时你可以主动、礼貌地微笑着与他们交谈，用大家都觉得婴幼儿能听懂的声音逗逗他们。
- 如果有陌生人进来，你和另一个人会相互确认眼神，表示要提防这名"闯入者"。如果那个人提前走出电梯，你会朝对方浅浅一笑，或者露出"松了一口气"的表情。

社会心理学家将这种涉及距离的行为称作"补偿性调整"。在这里，同乘电梯者之间建立了舒适的心理空间。

如果电梯开始发出奇怪的噪声，半途停下来，那么电梯内空间关系会迅速发生变化，因为乘客们目前遇到了共同的问题，其共同目标是一起逃离险境。

空间关系距离

E.T. 霍尔（E.T. Hall）在 50 年前计算出四种主要的空间关系距离，如下页图所示。

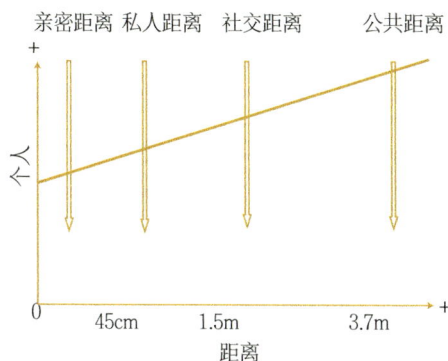

亲密距离　私人距离　社交距离　　　公共距离

个人

0　　　45cm　　　1.5m　　　　3.7m　　　+

距离

亲密距离（15cm ~ 45cm）

亲密距离又叫私密距离或接吻距离，它是我们为伴侣、孩子和亲近的人所保留的。保持亲密距离的人们彼此间会发生身体接触，闻到对方的体香或汗味。这种距离适合耳语和枕边聊天。

亲密距离在下面这段文字中得到了很好的体现。

现在他让她把脸靠近，这样她就走不了了。他想抱紧她。希望永远这样下去，痛并快乐着。

——D.H. 劳伦斯（D.H. Lawrence），

《马贩的女儿》（*The Horse Dealer's Daughter*）

私人距离（46cm ~ 1.3m）

处于私人距离时，有目的且聚焦的眼神接触就变得重要了。此时人们会发生肢体接触，但仅限于一般社交允许的范围，如手部、手臂和肩膀，这样不会直接闯入对方的私密空间。两人并排站着会缩小私人距离。

下图是私人距离几乎变成亲密距离的例子，因为图中这位女士肩并肩地站在男士身边，而不是面对面。

下页图中，哪些迹象表明女士不欢迎这位男士打破其私人距离的界限？答案见附录 1。

社交距离（1.3m ～ 3.5m）

在工作和处于工作关系中的人们适合保持社交距离。此时的人际互动需要目光接触，并且声音要洪亮。虽然轻声说话也能让对方听清，但适当提高音量更符合社交礼仪。在人行道上遇见某人意味着你进入了对方的社交距离，一旦转移视线就与对方拉开了社交距离。

公共距离（3.6m 以上）

在这个距离下我们可以向熟人打招呼，面带微笑让他们与自己靠近，形成社交距离。在公共距离中能看清对方是否在笑，而面部的其他细微差别则不易被察觉。

之后我们会看到如何使用不同距离建立融洽的关系，看看自己是否喜欢某人，是否坚定、自信，是否能影响他人。为此，我们首先要了解自己眼中的他人和他人眼中的自己分别是怎样的。

小结

- 出于本能，我们明白自己想与他人保持何种距离。
- 当他人闯入我们的私人空间时，我们会感到不适。
- 我们通过靠近他人来表示自己的好感。
- 彼此微笑表示双方会进一步拉近距离。

第 3 章

印象管理

所见并非总如所想

我们的双眼可以尽情勾画对方的迷人形象，而当我们想真正了解对方时，第一印象却往往具有误导性。本章我们将检验（相互留下的）第一印象的危险性。

定义　知觉

知觉是指我们对感官接收到的信息进行识别和解释。初次注意某人时，我们会调动大脑中对人的记忆和样貌的信息来评估自己所见到的，继而发现其中的意义。

用专业语言表述，这是神经系统进行识别和解释的过程。通俗点说，我们凭借生活经验做出对他人的推测。

7/11 效应

出于本能，我们与他人在初次相遇时想尽快获得安全感，进而能够信任对方。不巧的是，我们所知道的信息太少，仅能通过表面信息进行判断，包括衣着、外貌、话语、身材和身体语言。

迈克尔·所罗门（Michael Solomon）博士在纽约大学商学院做过的一项研究表明，初次相识时，人们仅在 7 秒内就能做出 11 种推测！我认为这可以归因于人类遗传史，猿类生活在丛林中，过着弱肉强食的生活，凭知觉迅速判断外界事物，以确保自己能够存活下来。作为人类，我们同样在意对方是敌是友。

我们对他人的 11 种推测如下所示。

（1）经济水平——对方来自哪个社会阶层，拥有多少财富。

（2）教育水平——对方的智商和学历。

（3）诚实和可靠度。

（4）可信度。

（5）老练度。

（6）性别、性取向、性吸引力和可交往性。

（7）成功水平。

（8）政治背景。

（9）价值取向——彼此的价值观和原则是否一致。

（10）种族。

（11）社交吸引力——与对方交友的意愿强度。

如果你觉得本研究合理，请思考给面试官留下好印象有多重要。你在多大程度上希望为了应聘某职位而改善自己的第一印象？

有研究认为，在甄选过程中，面试官在前 4 分钟就能决定应聘者是否符合条件。

接下来的研究结论有点不妙。目前，心理学家找到一种更有效的测量方法——对方只需要盯着你的脸，不需要 4 分钟，仅用 1/10 秒就足以做出判断了！

尽管这项测试轻信度的研究只被证实部分有效，但我们仍然能借此思考：给初次见面的面试官留下良好的第一印象有多重要！

如果这样都没能让你惊讶，不妨看一看这个研究结论——在形成第一印象后，对方接下来只会寻找支持其第一印象的证据。有句话是这样说的："你不会有第二次机会塑造良好的第一印象。"

在大多数情况下，在与他人的相处过程中你有机会改正、消除面试前几秒出现的错误或误会。在其他情况下这样做则比较困难。面试官负责发问，主掌大权，如果他们没有对你形成正确的第一印象，后果会对你十分不利。

警示

甄选应聘者时，面试官不知不觉会进入"选择性注意"状态，具体表现如下。

- 面试官发问是想获得能佐证、支持其对你的第一印象的回应。
- 如果回应中有信息与第一印象相反，面试官会忽略或者较少关注这类信息。
- 面试官会将与第一印象相反的信息归因为当时有利的情境和环境，而不是归因为你个人。

人与人在见面时会相互打量对方，多数人不知道自己给对方留下了何种印象。这不是因为冷漠或骄傲自大，而是因为四岁之后，我们都学会了一项社交礼仪，即不要轻易对他人做出积极或消极的反馈。

有时，我们试图建立一种形象，结果却完全没有传达给对方。

有些人坚持给他人留下表里如一的印象，不尝试做出改变、树立新的形象或做出让步，那意味着你不会想与他人建立关系，这对他们是一种伤害，因为他们原本是想与你交朋友的。

最终，这些人会满足于自高自大，却没有意识到这是以自我为中心，继而表现出一副从不随意的态度，尽管有时他们并非故意为之。

容易跌入的陷阱

当我们很快凭借外貌对某人做出判断时，错误的印象往往偏多。此时我们往往会陷入五种陷阱，用心理学术语简单描述如下。

陷阱 1：时间延伸

我们第一眼通常注意到的是对方的脸，而从中接收到的信息会被解读成这个人的性格特征。如果一个人看上去严肃、高兴、焦虑或悲伤，会让对方觉得其性格本就如此。

当我们初次见到下图中这位女士时，从表情猜测她可能是性格忧郁的人。事实上，这幅漫画画的是一位资深政客，她基本上是个不会焦虑的人。

陷阱 2：意合

假设对方看到你就想起其曾经认识的人，那对方会将那个人的特征转移到你身上。

陷阱 3：范畴化

对方认为你拥有与你所在群体的成员相似的特征，包括年龄、种族和性别等。

陷阱 4：功能品质

面部或脸上某个部位能反映一个人的个性。例如，刚出道的电影女明星注射肉毒杆菌让嘴唇丰满，彰显性感和魅力；年轻男士蓄胡须以显得更加成熟；女士将头发束在脑后以示干练，长发披肩则为了增添魅力。

陷阱 5：概括化

对方结合你外在的诸多方面做出总体概括。

人们习惯快速归类，哪怕第一印象和实际性格之间并无关联。这种影响广泛存在于交友、家长会，甚至面试中。初次见面时，我们禁不住会概括化对方，这便解释了为何当我们走近某人后会发现，第一印象与实际情况相差甚远。

示例　　　　这个事例被誉为"都市传奇"。有一次，演员莫琳·利普曼（Maureen Lipman）装扮得衣衫褴褛来到剧院售票厅，想购买由其主演的戏剧《西区》（*West End*）的门票，尽管她支付得起票价却被拒之门外！

　　　　研究表明，与街头流浪者相比，商务人士问路会得到更积极的响应。事实上，这两个问路的情境由同一名演员担当主角（用相同的话问了相同的路）。

小贴士　　　　我们在无意中将他人归类，若想提高人际交往技能，我们需要遵守基本规则——根据所作所为判断某人，而勿以貌取人。

小贴士　　　　面试刚一开始就要突出介绍自己的技能和工作成就。

印象管理

　　人际交往中，如果难以纠正或弥补第一印象，那么接下来就要致力于树立良好的形象。

印象管理

印象管理是指某人尽量控制其行为的多个方面，希望被对方或他人看到，试图影响对方接受其公众形象。

研究认为，你越有吸引力（详见第 8 章），别人对你的各项判断就越正面。接下来我主要介绍一些有助于你管理第一印象的妙招。

老实说，在所罗门"7/11 效应"所研究的各项推测中，我们无法决定自己的种族和性别，但可以影响社会期望值和诚实印象。下列技巧有利于营造和谐的人际关系。

- 保持对视——表示自信、可靠和诚实。

- 微笑——表示亲切和友好。

- 主动握手——表示自信和亲切。

- 见面时轻轻点头——表示尊重。

- 与对方双肩保持平行——表示友好和自信。

- 脚尖朝向对方——表示友好和自信。

- 说话时身体略微前倾——表示友好和对对方感兴趣。

- 模仿对方的身体语言——增强信任和融洽关系。

为了留下良好的印象，我们还能做许多其他的事。接下来我将逐一分析。

衣着得体

哺乳动物的毛色以及鸟类羽毛的颜色会发生变化，这些也是一种沟通方式。同样，人类穿衣服也不仅是为了舒服或保护身体，有时还能传达微妙的信息。除了脸部，我们还需要注意对方的着装并解读其含义。

俗话说，"物以类聚，人以群分"。对不同人群心存疑虑是很自然的事。若别人因为你的在场感到舒服，你便更容易被他人接纳。请注意，因为穿着打扮是有意识的决定，所以这并非严格意义上的身体语言。然而，如果你愿意，有必要尽可能地融入他人的环境。青少年想引领时尚，因为多数新生代希望在父母和其他成人眼中留下独特的印象。

衣着沟通方式多种多样，两性之间存在着差异，例如在以前，男性习惯从左到右扣纽扣，这源自迅速从腰间拔出佩剑的传统习俗，而女性则习惯从右往左系扣子，这样方便哺乳，亦显得贤淑端庄。

衣着会透露我们的财务状况和政治地位。杰出的政治家尼可罗·马基雅弗利（Niccolò Machiavelli）早在 1513 年就敦促君主穿着考究，以便赢得民众的敬畏。

马克·吐温（Mark Twain）在 19 世纪 80 年代说过："人靠衣装。"

三思后他接着说了一句更贴切的话（不那么知名）："不穿衣服的人对社会影响极小，或者说毫无社会影响力。"

着装的魅力

考虑一下你的着装风格，看看穿戴是否能反映你是谁以及你想成为怎样的人，或者你想给他人留下什么印象。

资深法官明白，为了获得轻判，辩护律师要求他的男性客户在出庭前把胡须刮干净，穿深色西装，搭配白衬衫和素气的领带。

虽然我们可以自主选择着装，但要清楚，穿戴是包含社交含义的。

所以，衣着是印象管理的主力。初遇某人，在看到对方的脸后，我们会开始评估对方的衣着。研究表明，男性会先观察女性的脸部和身材，然后再看她们的衣着。

衣着能凸显男性的体格和女性的身材，以及两性的性魅力。

军队的着装规则可能是最严格的，所有人员均身着统一的制服，从帽子、领口、肩章和袖口辨识其军级。

衣着反映了人类的模仿机制。在公司，管理级别越高，衣着相似度就越高。看一看年报上那些明星员工的证件照吧！通常他们都穿同款、同色的服装，连他们的发型都相似。这样做可能表明，他们希望像成功人士那样着装，让自己穿得更像大老板。

"藏"得深

当你证明自己能胜任该职位并向面试官表明你的积极主动性时，面试官会问自己一个重要的问题："这个人合适吗？"此时就要视你的着装而定了。男性竞聘者往往只露出 12% 的身体部位，穿裙装的女性竞聘者只露出 17.5% 的身体部位，这样的着装是合适的。

对女性来说，应聘管理岗位时如此着装是合适的，而应聘较低职位时，着装一般影响不大。

小贴士 如果你想在社交场合（包括在工作中）被他人接纳，那么在财务状况允许的前提下，穿得高档能树立良好的印象。如果你与家庭成员或与你所属群体的成员着装不同，他们也会接纳你，而在工作中这可能会让你在晋升方面遇到麻烦。

人人都是独立的个体

个人主义固然重要，而有时它会被理解为"我不在乎"，或者更糟的是被理解为"我不管衣着是否重要"。在社交和工作场合中，你有必要在慎重考虑后品评他人的着装。

示例 非营利组织的主席是个例外。他们无须考虑印象管理，可以戴花哨的领带或法式领巾展示个性。我们注意到，主席会见股东时会换上高管制服，在年度股东大会上也会如此着装。

小贴士 还记得之前提到的"人以群分"吗？想接近成功就需要在穿搭上模仿成功人士（尽管对方与你性别不同并且着装风格特立独行），这样你看起来更像一名高管。根据自身情况，你或许能从以下 14 条建议中找到对自己有用的建议。

（1）套装的配色、图案不超过两种。

（2）衣服、鞋子的款式和发型要时尚，但风格要保守，除非你所从事的是创意类工作。

（3）除了婚戒，不建议男士佩戴珠宝。

（4）尽量穿得上档次，但不要炫名牌。

（5）深色、纯色的着装比浅色和有花纹的着装更显魄力。

（6）让配色和谐一些。

（7）做一些调查，看看同行其他成功人士是如何穿搭的，可以参考专业杂志。

（8）重视配饰，廉价手表、圆珠笔或手提包会破坏你的整体形象。

（9）买支像样的钢笔。

（10）对男性工程师和研究员来说，面试时可以在上衣口袋里放一支钢笔，但不要放太多支笔。

（11）建议 50 岁以上男性注意修剪头发和胡须。

（12）没有像样的手表，建议别戴；但如果你有块劳力士或欧米茄，不妨锁进家里的保险柜，因为它们可能不太适合你，除非你的级别需要让它们搭配"高管制服"。

（13）如果你需要带公文包去上班，务必选择优质的轻薄款，只放必备文件（公文包厚重往往说明职级较低。CEO 不用亲自提包，有专人替他们拿）。

（14）对女性来说，你可以享有优待，而过分女性化则会妨碍你冲破职场天花板，你可能会一直待在属于女性的职级上。

不应以衣取人，但衣着对求职的确很重要。

——赫伯特·弗里兰（Herbert Vreeland）

对拥有从政抱负的人来说，独特的着装或配饰有助于仕途发展吗？适当时，若想在与对手的竞争中脱颖而出，请保持穿搭的一致性（考虑卫生因素，你可以买几套同款服装，必须完全相同）。这方面的例子不胜枚举，例如丘吉尔的细条纹西装和雪茄、威尔逊的烟斗、撒切尔夫人的蓝色套装、卡斯特罗的胡须和鸭舌帽等。

歌星和球星同样适用此理。

面部

初次接触时，我们会观察对方的面部，此时，我们像登录了一个庞大的非语言沟通数据库。面（头）部会"说话"，就连婴儿也能通过摇头表示"不"，而且，刻板印象的存在有时让我们从对方的面部猜测其性格特征。

> 卡西乌斯的面相凶狠贪婪，过分多虑。这类人散发出一股危险气息。
>
> ——《尤利乌斯·凯撒》（*Julius Caesar*），第一幕第二场

身材匀称的人散发魅力，一贯讨喜。不巧的是，生活对体型肥胖的人（如过于丰满、肥胖、壮硕）并不公平。肥胖者常常遭到歧视，他们大多在学校听惯了闲言碎语，把失去面试机会视为平常之

事。这些歧视和不公被琳达·林（Linda Lin）的研究所证实。琳达·林是美国伊曼纽尔学院（Emmanuel College）的心理学教授，专攻肥胖症和针对歧视肥胖者的研究。

我们都知道，腹部赘肉比臀部和腿部赘肉更可能危害健康，事实上，这种体型更易引发高血压、糖尿病、心脏病，以及某些癌症。该结论具有统计学意义，而本杰明·迪斯雷利（Benjamin Disraeli）对统计的看法则是："那些统计数据不可信，都是骗人的！"最好的建议是，你应当努力达到心目中理想的体重标准。

头发

头发会透露年龄。随着年龄的增长，头发会变得稀疏，失去光泽。用专业术语说就是雄激素性脱发，老年男性（还有一些老年女性）较难留长发。在美国，25% 的男性从 30 岁开始谢顶，到了 60 岁，这个比例高达 66%。

根据常识，谢顶直接与年龄有关，有趣的是，人们会将谢顶视为成熟、谦和的表现。基于这种文化，作为第二性征的胡须会让人想到男人味和睿智。

尽管时尚能极大决定和影响头发的长度，一般认为短发男士更有男人味、更干练（当然，传统观念里只有女士才留长发）。如果你是一名男士，最好留短发！

　　办公室工作、出庭或操作机器时，长发较难展现男子气概，还显得不够卫生，当然，还因为打理长发的确比较费事。

　　研究表明，美国的短发律师胜诉率更高，他们看起来干练、利落。

示例 ┊ 短发女性看起来更职业，就连主打时尚、亲和力的维珍航空公司（Virgin Air）也鼓励女乘务员留不超过衣领的短发。

　　男性的第二性征——体毛和胡须较浓密，有时可作为引领时尚的标志。我们现在很少见到时尚男性杂志邀请不留胡须的男士做代言，而女性追求时尚会把许多私人时间和金钱花在去除体毛上。

　　研究表明，有人在遇到重大、压抑的情感事件后会改变发型。男性一般会留发或干脆刮掉胡子，而女性会改变发型或发色。若不考虑例外情况，这类情形的确经常发生。

个人卫生

　　保持双手、鼻孔、头发和脸部清洁不仅对健康很重要，还会给他人留下良好的第一印象。在这方面女性比男性表现得更好，男性在这个关键环节常常破坏了其第一印象。

然而，有一点是女性更容易犯的错——香水选用不当。有的女士闻上去像一瓶香水，而不是因为擦香水而变得更有女人味。

这里适用"物以稀为贵"的定律。麝香的甜香味较浓，容易给对方留下咄咄逼人的印象。同样，花香型香氛更适合约会，不建议每天喷洒。薰衣草及其他香料会让人感到轻松、舒适。对香水在行的人建议，柑橘味或果香型香氛能给人留下精力充沛和积极主动的印象。

小结

- 时常检查你给他人留下的第一印象——寻找确凿的证据！
- 通过着装塑造你在他人眼中的印象，让衣着和配饰符合你希望向他人呈现的自我形象。
- 达到理想的体重标准——看起来健康才有吸引力。
- 别用太多香水。
- 工作中，建议男性留短发，女性留中发。

到这里，我们就跨过了人际关系的第一道障碍。接下来我们即将跨越第二道障碍：焦虑。

第 4 章

运用身体语言克服焦虑

焦虑难免

焦虑是我们生活中的不速之客，具体体现在行为、认知和情感等方面。本章关注那些能反映出压力的身体语言或行为方式。除了在临床情况下，焦虑通常由特定的事件引发，最常见的原因有四种。

（1）你现有的资源不足以应对当前情形。

（2）遇到之前从未经历过的重要事件。

（3）之前的心痛经历萦绕脑海，挥之不去。

（4）预期会遇到曾令你感到痛苦的事情。

　　　假设你去看牙医，张开口后听见对方说："天啊，我从未看过这种情况。天啊，我真的看不下去了！"你感觉如何？牙医深呼一口气然后说："好吧，我想我得做点什么，放轻松，应该不会伤着你！"

　　这个例子包含上述四种引发焦虑的原因。一般我们不会为自己在过去已经克服的事感到焦虑，但会担心未来可能发生的情况，尽管发生的概率可能很小。

定义　焦虑

　　焦虑是指一种包含行为、情感、认知（思维）和肢体（身体）方面的心理和身体状态。这些要素共同构成了担忧、恐惧、消极体会或不安等。焦虑通常源自我们对未来的负性思维，有时基于个人经历或目睹的痛苦事件。

　　然而，焦虑并非总是不利的。与激励类似，焦虑有时能激发我们提前采取行动，让担心会发生的事延迟发生或终止。

　　下面我们将介绍一些更具体的焦虑信号，让我们首先了解一下人类进化史，这样有助于我们加深理解。

穴居教会我们的本领

猿人在林间活动，在洞穴中居住，享受着悠闲自在的日子，每周只需要劳作约 14 个小时就能喂饱全家。当发现有老虎悄悄逼近时，猿人还没来得及思考，其下丘脑便立刻向肾上腺发出指令，让其瞬间变成了超人，撕咬、跳跃、击打、奔跑能力，以及思维能力都会大大提高。同时，其表皮血管收缩，确保其被咬后失血量最少；其心跳速度加倍，将额外的血液输送到肌肉以便作战或逃跑；其瞳孔放大有助于看清险情；不参与逃跑或战斗的身体功能则会降低活性或停止运行。

在进化中，身体的变化较慢，如今，我们有幸不再被老虎偷袭，但我们仍会感到焦虑，会产生类似于人类祖先那样的身体反应。压力的身体信号很快得到释放，多数不为自己所知或不受控制，尤其是心跳和流汗。这样会导致恶性循环：为了让自己看上去不那么紧张，你尽量控制紧张的神经，这样反而会增加压力，你越努力地控制紧张感，流汗就越多，呼吸也会越急促，然后身体开始发抖，你越试着去控制它，身体抖得就越厉害……总之是事与愿违。

下面介绍几类身体语言，它们可能提示我们焦虑的产生或存在。

暗示焦虑的身体语言

触摸自己

在孩童时期，当我们感到沮丧、疼痛或害怕时，父母（通常是母亲）会搂住并轻拍我们，以便增强我们的安全感。渐渐地，母亲不在身边时我们也会触摸自己，尤其是触摸脸。我们甚至还会遮住双眼或嘴巴以便自我保护，在工作时我们习惯触碰下巴、耳朵和脸颊，试图自我安抚。这些都是下意识的举动。我们能意识到微笑、点头或做手势，却意识不到我们在触摸自己。务必留意这类非语言沟通所传达的更多情绪和情感，请回顾身体语言的"注意事项1"（详见第1章）。

同样，人们在感到压力时会用上牙咬嘴唇，尤其是经验不足的演讲者和公共发言人。

有种例外情况可能会在社交场合中被忽视。我们一般会先摸自己的头发，下意识地让自己更具吸引力，让他人看到自己最好的一面。这就像在说："你吸引了我，我希望你也能被我吸引。"若对方像你一样开始打扮自己，希望自己在你面前更有魅力，那么你就可以上前邀请其与你共舞了。

表情流露真心

焦虑或恐惧属于六大基本表情之一，所有文化均可对其加以辨识。

工作时我们更有可能希望隐藏这种神情，以微笑取而代之。不巧的是，在此情此景中，我们难以露出自然的微笑。你还记得我们说过身体语言会"泄密"吧？

眨眼

心理生理学这个心理学的新分支研究情绪和身体状态的关系以及身体符号。正常情况下，人们每分钟眨眼 14～16 次，具体次数取决于光线、空气湿度、气温，以及其他环境因素和当前正在做的事情。当我们感到有压力时，会快速地眨眼。注意：眼睑痉挛患者（女性患者的数量大约是男性患者数量的一倍）会在肌肉收缩不受控的情况下频繁眨眼。与口吃不同，痉挛会随时发生，不应被视为焦虑或有压力的表现。

从下页图中我们可以很容易猜到，哪一位对别人的话持不同意见，哪一位想发表看法。图中右边的男士犹豫不决，他可能没有意识到自己的身体语言所释放的信息。

小贴士　　　为了让自己看起来更冷静，建议你不要做以下几件事：

- 触摸自己；
- 咬下嘴唇；
- 双臂抱于胸前；
- 玩手；
- 转过脸；
- 向后退；
- 试图控制眨眼（看上去很奇怪，眼睛还会鼓起来）；
- 似笑非笑。

管理自己，隐藏焦虑

因为真实情感很容易流露，所以当焦虑情绪确实存在时，想要控制它比较困难，但我们可以运用一些策略去隐藏自己的焦虑。

在这里我要引用一段我在悉尼大学的毕业演讲中的发言内容。

在一项专门针对伞兵焦虑感的研究中。研究者在伞兵身上放了一种仪器，能测量焦虑程度、心跳频率、呼吸频率等。该仪器中放置了一个小计数器，能让焦虑感的变化与此刻的情景建立关联。

研究者发现，初次跳伞的士兵在登上飞机接到指令时焦虑感会倍增；飞机起飞时焦虑感会攀升；即将到达跳伞点并声称要跳伞时，伞兵依然很担心；最后跳伞时他们的焦虑感会升至顶峰。

对经验丰富的伞兵来说，登上飞机，飞机起飞，接近跳伞点，打开舱门，跳下去时都不会感到焦虑；而快要到达地面之前焦虑感反而会增加。

过分焦虑有损身心健康。

演讲恐惧：咳嗽和舔嘴唇

大约每四个人中就有三个人有演讲恐惧，严重程度甚至超过对死亡、蜘蛛、黑暗和高度的恐惧——它们共同构成了人类的五种顶级恐惧。有趣的是，传统上讲，男性比女性在公共场所讲话的次数更多，他们更频繁地寻找克服恐惧的方法，也可能因为女性天生就善于表达吧。

你是否遇到过某人在演讲时干咳的情形？在感到焦虑时，我们的咽喉部肌肉会收缩，呼吸会加快，二者都会让喉咙发干。尤其要注意的是，唾液腺的机能会发生改变，让演讲者想咳嗽、舔嘴唇。

你还会注意到一些身体语言的组合，例如，喉结上下跳动，两个指头捂住嘴巴且指尖快要触及鼻尖。

资深的演讲者，如政治家和牧师，在演讲或布道时极少咳嗽，因为他们一旦咳嗽即表明其立场不坚定，这让他们心生焦虑。

注意：一些孩童时期的行为会持续到成年以后，咬嘴唇也是一种难以根除的习惯，并非是身体语言交流的无意识迹象。我们通常称之为"小动作"。

小贴士	● 反复练习你要说的话，直到你可以不假思索地畅快表达为止。
	● 遭到质疑或挑衅时，你可以像政治家那样说一些题外话。因为大脑的反应速度比语速更快，所以你只需要一点点缓冲时间，说题外话有助于你理顺思路。例如，当别人问你："为什么要这么说？"你可以回答："非常感谢您的提问。这是我想说的关

键内容，在座的各位肯定有人跟您想法类似。我特意强调这一点是因为……"

这些题外话能让你在 15 秒内想出正式的回复，这点时间足够大脑思考了。

大笑与似笑非笑

笑有时候能宽慰人心。观看滑稽的小丑表演时你会放声大笑，而该剧情若在现实生活中上演，你就会感到害怕。能笑出来说明你感到放心——你庆幸自己所见到的不是现实中遇到的事。

似笑非笑通常表示紧张（只是嘴巴在动，鼻子却没有反应）。我们试图用身体语言传达出"我承认你比我厉害，请别伤害我"，以便让对手安心。遇到类似情形，小狗会仰躺在地上露出自己的肚子。

你可以将似笑非笑理解为焦虑。觉得对方强势时，我们会努力露出友好的表情，好像在说："交个朋友吧，请别伤害我。"当然，达·芬奇画中的蒙娜丽莎的笑容是个例外。

似笑非笑也可作为微表情，这种表情在脸上出现的时间不超过 1/50 秒，可被视为紧张的反应。唯一对我们有利的是，这些微表情只能被 10% 的人识别。

小贴士
- 感到焦虑时就保持面无表情，不要强颜欢笑，更不要傻笑。
- 请勿碰触自己的脸部。

流汗

在社交场合不要流汗，除非你是参加实训的运动员或站在聚光灯下的歌手。但我们对自己流汗和脸红无法控制，尤其是在感到焦虑时。

面部和手心的汗腺较多，有趣的是，体温上升时手心不会流汗，手心的汗腺只在出现心理压力时才有反应，感觉受到威胁或心情不佳时手心会不停地流汗。向同事或上级作报告时，有多少人会在空调温度适宜的办公空间里流汗呢？

小贴士
口袋里常备一些纸巾。当你手心出汗时，把手伸进口袋让纸巾吸干你手心的汗，你可以在口袋里多停留一会儿，不要立刻把手伸出来，这样看起来更自然、更自信。

侧身动作

当你咄咄逼人（战斗）或唯命是从（逃跑）时，身体会相应做出不同的反应。如果是后者，你会侧身进行自我防御，尽可能少让身体暴露在对方面前。多数情况下，身体不太可能遭到进攻，而穴居人类的某些反应依旧存在，可能只是简化为脚尖对着门或朝向可行的逃跑路线（尽管这种情况不常见）。我们也会向后退，拉开与对方的距离。当面试官说"我发现你好像没上过 MBA"时，你的身体会向后靠。这个问题本身不重要，否则面试官为何不以"你没有 MBA 学历"这一条淘汰你呢？这么问大概只是想看你如何作答，因为适当地回应质问是胜任该职位的基本能力。

下图中的男士基本闯进了女士的私密空间。在这种情况下，女方不太可能置之不理，她脚尖的朝向已经表明了她内心的想法。

当你感到焦虑并试图离开时，身体会提供额外的能量支持你做出决定。如果无法摆脱当下的处境，这种能量便会外泄（因为难以受到控制），反映在跺脚、移动身体和手臂，以及搓手上。

展现自信的 5 种身体语言

接下来，我将讨论如何展现自信。我们发现，大部分身体语言都是独特的，它们甚至在我们意识到之前就已经发生了。

身体朝向

受到人身威胁时不要正面朝向对方，否则会让自己处于弱势地位。武术教练让学员练习侧身动作，即侧过脸、越过肩膀看向对手。拳击手也是如此。这样做能进行自我保护，让对方眼中的"靶子"变得更小。

如果心理遭受打击或感到恐惧，你自然会侧过身来。许多紧张的演讲者双脚站立的角度是表盘上"3 点 50 分"的角度，而不是"1 点 50 分"站姿。即便话语中透着坚定且演讲激情四射，但身体会流露出你的真实想法："我非常紧张，不想站在这里。"

小贴士　　　　不要退让，把脚尖朝向对方，让彼此的肩保持平行。

别让眼睛出卖你

焦虑感增加时你会减少与对方的眼神接触，更多地观察周围环境，好像在寻找可以逃走的机会。

你会斜着看对方一眼，肩膀随着眼球转动的方向移动。如果觉得对方会威胁到你（身体上或语言上），你也可能会选择斜视他们。

遇到冲突时，眼神接触被视为攻击性行为，此时，我们有必要转移视线。认为对方强势或位高权重时，我们也会转移视线或低垂眼帘。

之前提过，为了认清险境，我们会随着压力和焦虑的增加而频繁眨眼。我并非让你数对方的眨眼次数，而是让你明白，不寻常的情况出现了。

小贴士
- 如果直视对方的眼睛让你感到焦虑，那不妨看向其眉心，对方不会觉察到差异的。
- 做大型报告时，想着参会者分布于室内的四角，演讲时望向其中任意一角。对着"四个角"做报告总比盯着400多个人要轻松！

泄密之口

你是否注意到一种有趣的现象，在压力下人们会大声傻笑？这种情况只能算似笑非笑。

如果有人不习惯或不情愿进行演讲或作报告，你也能发现蛛丝马迹。例如，他们喉咙紧锁，嘴巴变干，为了消除这些感受，他们会做出吞咽动作或者干咳几声（因为有喉结，男性较难隐藏这种内心反应）。有时，人们会咬嘴唇，好像在试图打断自己正在说的话，而这恰恰显示他们还有话要说。

当我们感到焦虑时，嘴巴也会出现异样反应，例如，我们立刻感到口干舌燥，声音随之改变，也让我们不自觉地想舔嘴唇，这些反应都表明我们感到紧张和焦虑。

为了安抚六个月大的宝宝，成人会让他们吮吸乳头、奶瓶或奶嘴。而作为成人，在压力下我们如何宽慰自身？有人吸烟、嚼口香糖或咬笔头，还有人可能会啃手指甲。这些可能是日常习惯，而往嘴里放东西的频率与焦虑感呈正相关，好像让嘴巴动个不停就能减轻压力似的，或许这样做能代替美食填饱肚子吧。

小贴士

- 在手边放一杯水，焦虑时抿一口水。
- 如果你一贯戴眼镜，那么轻咬镜脚末端会让你看上去更职业，会让人觉得你在思考，而不是认为你面临很大的压力。

保持匀速呼吸

人类离不开呼吸，呼吸的方式与频率代表了你的自信程度。我们容易忽视呼吸，认为它是理所当然的。自信时，我们会缓慢、匀速地呼吸，并且感觉不到呼吸的存在；焦虑时，快速的浅呼吸会加快吸气速度，我们此时可以将呼吸频率提高40%，以便为肌肉充氧，做好应激的准备（"战斗"或"逃跑"）。

为了配合呼吸，鼻孔会放大以确保吸入较多的空气，这样做也是为"进攻"做准备。鼻孔放大常常被视为生气的信号。

心理学家惯用"三秒呼吸法"指导客户克服压力。

练习

试一试三秒呼吸法——吸气，屏住呼吸数到三，然后呼气，再慢慢数到三。

如此反复五次，感知自己的身体反应。你可以教朋友这么做，但不要让他们知道这么做出于何种原因，只需问他们感受如何。如果你想在一场活动中或在活动开始前显得自信，这种方法会非常有效。

安放双手

信心不足时我们的双手会移动。为了抚慰内心，我们的双手会抚摸母亲曾经抚摸过的地方——触摸或轻抚面颊或头发，这不是在挠痒或打扮自己，而是在压力下进行自我抚慰。

坐下时你可能会跷起二郎腿，双臂抱于前胸。后一种情况不仅表示自我防御，也是一种敌对姿态，它好像在说："来吧，我倒想看看你会做什么。"

听到坏消息或目睹伤心事时，我们会出于本能进行自我保护，例如，用双手遮盖耳朵、嘴巴或额头，好像在说："哦，不要！"我们试图用身体语言屏蔽来者不善的信息。

小宝宝受到惊吓时会紧抓大人，成年后我们仍会做出类似举动——在游乐场体验惊险游戏被吓到时，我们会立刻抓紧扶杆，手指关节发白。如前文所述，多数成人害怕进行公开演讲，不得不发言时，他们会紧紧扶着讲台或讲桌。

小贴士　　**坐立时如何散发自信光彩**

（1）坐在椅子边沿传达了"我很焦虑"的信息。坐立时，强迫自己坐直坐正，然后坐姿慢慢松垮下来。这些方式对展现自信毫无帮助。坐在椅子边沿会让身体不适，且显得无精打采。正确的坐姿是：把椅子坐满，放松就好；

靠着椅背端正坐姿，将手放于大腿。切记，无论脸是否发痒都不要去碰。

当你强调重点或者面对观众讲话时，你可以稍稍挺直背，身体前倾，手腕内侧靠着桌面并交握双手成塔尖状。当你想举例或强调某观点时，请自然移动双手。当你加入群体讨论时，试着显得自信、友好。开始说话时身体前倾，如果组员对你的话有争议，请保持这个姿势不变。一旦阐述了自己的观点或回复了别人的提问，就拉回身体，坐回原来的位置。

（2）双手相合，手指搭在一起，这让你看起来心情放松。你也可以垫着手坐，这听上去有点傻，不过人们一般不容易发现你的"异常"坐姿。

小结

为了克服焦虑，你可以尝试以下几种建议。

- 放慢呼吸速度。
- 昂首站立，正面朝向对方或观众。
- 谈话时目视对方，演讲时目视台下听众。
- 双手交握，手指互相搭在一起成塔尖状。
- 坚持某观点时，将手背在身后。举手投足间流露满满的自信，才能有效地说服听众。

- 如果喉咙干，不妨在手边放一杯水。
- 演讲之前做几次深呼吸，演讲时缓慢呼吸。

第 5 章

运用身体语言建立融洽关系

善用身体语言

融洽的关系能带领你前往人际关系的美丽花园，若无法持久地敞开心扉，人际关系的花园就难以保持繁茂。融洽的关系在敌对的情境（如谈判）中也能发挥效用，尤其是当你希望说服对方时。

所谓的关系融洽通常是指你与他人和谐共处，你的存在让对方感到舒服，而不是让其感觉受到威胁。关系融洽是彼此信任的开始，如果一段关系要持久，那就需要双方在交往过程中维护这段关系，有时也被视为"展现自我"。

从这一点可以理解，为何阿尔伯特·梅拉宾认为融洽关系很重要。与周围的人经常聊天，你很快就会发现谁的人际关系更和谐，这体现在身体语言上。关系融洽的人会相互靠近，好像在共舞，关系越和谐，身体语言的舞姿契合度越高。

本章后面部分会详细讨论这个方面。我们先来看一看，我们在与对方建立新关系时能直接控制哪些方面。

本书其他章节也涉及了身体语言与融洽关系，不过我将在本章进行详细介绍。

重复一下基本要点：尽量放松心情，与对方对视，保持身体平衡，显得自信轻松，绽放笑容。你会朝自己喜欢的人微笑，如果想表露热情，你可以扬起眉头，学会真心微笑。

此外，当你认同演讲者的发言时，可以点点头，简单的动作传达了友善、赞同和喜爱，我们都想与散发友好气息的人交朋友。

你会发现点头能改变某人对你的印象——起初他们可能觉得你高傲、难以相处，而当你朝他们点头时，他们会认为你有亲和力、善解人意。由此可见，点头能让别人更信赖你。点头时头朝右偏一些效果会更好。

融洽关系的起点

建立融洽的人际关系的技能可能要追溯至史前时代，向他人表示你不会对其构成威胁在当时是一项关键的生存技能。在遇到危险时，有必要参考身边有经验的长者是如何做出身体反应的，这一点无论过去还是现在都具有借鉴意义。经过成千上万年的社会发展，许多影响人际关系的身体语言不再是意识的一部分，它们已经从生存技能变成了社会功能。虽然我们生活在 21 世纪，但当揭开面纱后，我们发现，自己仍然生活在由亲密关系构成的"部落"中。如今这种"古老"的关系网依然活跃，关系网中的成员表现出相似的价值观、言谈方式、个人偏好和着装风格。

如果用一个词概括融洽关系的技能，那就是模仿。羽毛颜色相同的鸟类会聚集到一起，人类也不例外。而人与人之间彼此越像，就越可能建立和谐的关系。很多方法可以验证上述说法，理查德·班德勒（Richard Bandler）和约翰·葛林德（John Grinder）建立的神经语言程序学（Neuro-Linguistic Programming，NLP）就是其中一种方法。

关系是否融洽，看一看身体语言便可知晓几分，关系融洽的人们往往会用相似的手势，表露出相似的表情。事实上他们在用相同的身体语言进行交流。在公共场所观察约会的人，你很快会发现，双方保持双肩平行，挨得较近，说话时相互对视，仿佛身体语言在迈着协调的舞步共舞。

微笑至关重要

发自内心的亲切笑容能改善人际关系，继而发展并维持这段新建立的友谊。

无论其他身体特征如何，微笑能让你更有魅力，这一点对于男性和女性都适用。笑容是所有文化的通用语言，具有重要的社会功能——帮助你结交朋友，表示尊重对方，甚至还能缓和气氛。

研究证实，微笑的作用不容小觑，适当微笑能打动人心。在相隔 30 米的范围内，微笑是唯一能被人辨别出的表情。

> 微笑对人类而言如同阳光对花儿一样。
>
> ——佚名

某人朝你微笑，你自然地回以微笑（甚至在意识到这一点前你就朝对方笑了），这是很自然的反应。微笑是最好的表情，在任何社交礼仪中均是如此。我们会对心仪的人绽放笑颜，当你看到对方朝你微笑时，你自然会认为对方也喜欢你（这样想也许有点自傲）。

影响力

微笑能让你看起来：

- 更友好；
- 更聪敏；
- 更好看；
- 更配合；
- 更可信；
- 更具影响力；
- 更健康；
- 更受欢迎；
- 更诚实；
- 更随和；
- 情绪更稳定。

显然，上述几点可能有重叠，而不是互斥的，但它们都是要点！

微笑对生活的意义：

- 能为你提供更多的工作机会；
- 获得加薪的机会；
- 为你牵起一条爱情红线。

当你快乐时会微笑，有时微笑也会产生快乐。

——一行禅师（Thich Nhat Hanh）

为何模特走秀时总是面无表情（看起来闷闷不乐的样子）？因为设计师想让观众看的是作品，不希望观众被模特的美貌分了心。模特推销产品时情况就不同了，我们会轻易发现她们微笑时露出的洁白牙齿。

有趣的是，女性比男性更爱笑，而且为了交谈顺畅有时会强颜欢笑。另外，男性更容易被女性的微笑打动，而女性不容易受男性微笑的吸引。

小贴士

- 不爱笑的女性看起来心事重重、不快乐或神情紧张，而不爱笑的男性则不会给人留下这种印象。
- 男性若想在公司同事面前显得强势，请尽量少笑。

微笑的类型

微笑有两种类型：发自内心的微笑和假笑

发自内心的微笑（又称"杜兴式微笑"）能调动脸部肌群，微笑时主要有两个部位参与其中：（1）嘴角——弯曲且向后、向上拉起；（2）脸颊——随之抬高，眼角四周出现鱼尾纹。这两个动作几乎是在无意识中自然发生的，这种微笑说明此人很开心。而假笑（又称"非杜兴式微笑"）的人只会动动嘴，一般是刻意而为的，其表达的不见得是真情实感。

请记住："别相信只动嘴（不用心）微笑的人。"这句话不假，真的微笑会带动眼角肌肉，挤出鱼尾纹（尽管不少人用了去除皱纹的美容产品）。

无论真笑还是假笑，嘴巴的动作差别甚微，而如果某人感到焦虑，嘴角的一边就会下垂。

小贴士　　　　只有整张脸在笑才是真正的笑。

下图中，左图是非杜兴式微笑，即只是嘴巴在动，笑容中流露着傲慢；右图是杜兴式微笑，请留意眼角出现鱼尾纹、嘴角向后拉、露出牙齿，微微低头这些特征。

融洽关系与说话方式相关联

事实上，建立融洽的关系不仅要靠身体语言，还要看说话的方式，如音调和语速。如果某人有口头禅，如"你懂的""事实上""基本上""例如"等，他们便能在交谈中与同样有此类口头禅的人拉近关系。

据说，有些营销经理会雇用能说方言的当地销售人员，因为他们比不会讲方言的销售人员更容易赢得客户的信任，因而能更快地与销售对象建立融洽的关系。

我们喜欢那些与自己相像的人，但是这样容易形成一种想当然的优越感，即认为"我们的家庭、种族、社区或国家优于你们的"，这是拥有相似特征的群体的惯有立场。

握手

如同着装一样，握手并非严格意义上的身体语言，因为它是有意而为的，并非无意之举。

心理学家 F. 卓别林（F. Chaplin）博士在研究握手时发现，适当的握手和积极的第一印象有较高的关联度。

研究显示，古往今来握手传达的意思基本没有发生改变，害羞的人和敏感的人在握手时通常轻弱无力。有趣的是，现代人的观念更加自由开放，高智商女性会用力握手，希望给对方留下良好的第一印象。例外情况是，与这类女性性情相似的男士如果握力较小会让对方感到不适，并非因为他们软弱，而是社会普遍认为男性应当比女性握力更大。

该研究结果不同于传统结论，后者认为像男性那样展现自信的女性经常会给人留下负面的印象。对女性而言，紧握对方的手会有效地提升自我形象，比起巧言令色、独断式的自我推销，这样做的社交成本较低。

——F. 卓别林博士

在此列举几种惯用的握手礼：

- 见面时站直；
- 双肩向后展开；
- 与对方目光接触，树立自信；
- 大方地微笑，以示友好；
- 主动握手，表现自信；
- 握紧对方的手；

- 只握三秒，初次见面不要太热情。

其他策略包括：

- 在社交聚会上，用左手拿食物和饮料。
- 如果掌心易出汗，进入房间前请用冷水洗手，男性可以在裤子的右侧口袋里放一块手帕。

政治家、领导者和高管在握手时需要注意以下八点。

（1）**确保右手手掌干燥。**焦虑时，全身可能会出汗，尤其是掌心。如果不想在初次见面时流露焦虑，或者让对方通过非语言沟通看出你的紧张情绪，请在握手前将手伸进裤子的右侧口袋，用口袋里的纸巾小心地把手擦干。站直且让手在口袋里放一会儿，这样显得更自信。

（2）**主动握手。**主动伸出手表现出领导力和自信心，这样你才有机会玩后面几个"游戏"，用美国人的话说就是主动出"手"更像"赢家"。

（3）**出手制胜。**尝试玩一玩"绝顶高手"游戏。握对方的手，将其放入你的左手心，在这个过程中你的右手手背会在上方。如果对方不接受这种握法（你的手尴尬地悬在半空），还可以玩"左手制胜"游戏，即与对方握手时将你的左手盖在上面，这样仍可表明你具有主导地位。

（4）**握手时保持私人距离**。握手时手臂向前伸，与对方保持私人距离，对方看上去让给了你更多的空间。在两人中，你显得更强势，也更像主导者。

（5）**尽量发挥左手功能**。遇见同样强势的人并与其留影时，可以用"肱二头肌战术"。（右手）握手时，（左手）轻轻抓住对方的肱二头肌部位，请注意，当彼此试图同时这样做以比较谁更强势、更自信或地位更高时，会显得不自然。奉劝政治家勿对王室成员行此大礼，否则政绩会大大减分！

（6）**拍官方照时端正姿势**。站在对方的右侧，这样你在轻拍对方肱二头肌部位时，你的右臂会露出更多，在媒体刊出的照片上你看上去地位更显赫。

（7）**给女性的特别建议**。强势的男士经常玩上述握手"游戏"（部分或全部）。由于某些理由，他们可能延长身体接触的时间。遇到这类男士，女士可参考以下策略。

- 尽可能适当地紧锁眉头。
- 尽量将男士的手轻轻推回他的私人空间。这样做比较容易，他不会料想你有如此动作，还来不及表达不满情绪。

- 尝试上述（1）（2）和（3）中提及的做法。
- 严肃地看着对方，不要笑。

（8）**拍照时的建议。**如果身边有三位重要人士，合影前座椅离谁的更近，表明你与谁的利益更一致，或者说明更支持谁。

融洽关系的升级技巧

接下来，从握手游戏转向更实用的技巧。

镜像模仿

这个技巧能测试可信度。这种模仿是自然而然发生的，我们不经任何训练就会不自觉地模仿他人，尤其是朋友。镜像模仿呈现的是别人的镜像，你随着对方一起移动、前倾、微笑和点头。有趣的是，腹中胎儿与母亲同时感到放松时心跳频率会保持一致。

若想与对方建立良好的关系，镜像模仿也能发挥效用。勤锻炼并培养这项技能，这样你不用多想就能自动进行镜像模仿了。建议你与朋友尝试这项技能，而不是陌生人，除非对方已经成为你们中的一员，否则你们将不会建立融洽的关系。没有人喜欢被他人模仿。

观察下图，看一看你能否辨别出五种镜像模仿的信号。如果男士占据主导，那么他的下一个身体动作会是什么？如果女士占据主导，那么接下来她会做什么？答案见附录1。

节奏调整

节奏调整是镜像模仿的第二部分，通过模仿他人，你可以找到彼此的共同点，包括背景、朋友圈、兴趣、经历等。确保你与对方处在相同的"位置"，继而搭建心灵的桥梁，这样有助于建立更融洽的关系。你可以通过有意识地采取一些行动来验证你与对方是否建立了和谐的关系。例如，坐着聊天时想强调某一观点，就让身体向前稍微移动一些。如果对方也能同时或紧跟着向前移动，那你就能判断出彼此的关系是较为融洽的。让身体语言的一些小变化持续得更久一些，反复尝试直到顺利达成镜像模仿。这个过程称为"引领"，即你引领着他人展现身体语言。

检验一下你是否与某人建立了融洽的关系。

镜像模仿 ⟹ 节奏调整 ⟹ 引领 ⟹ 关系融洽

如果对方没有跟随你的引领，请重复上述过程。如果尝试四次都不成功，那你就需要改变说话或做事的方式了。有时，模仿对方的习惯动作或口头禅有助于拉近彼此的关系。如果对方小动作很明显，则不宜模仿，否则会令对方尴尬。

如果仍然不成功就别苛求自己了，出于某些原因，有些人总是不那么喜欢我们。连专业的心理学家也并非总能建立融洽的人际关系。

一旦建立了融洽的关系，我们就希望展现自信了。我将在下一章对此进行详细阐述。

小结

- 经常发自内心地笑（杜兴式微笑）。
- 昂首站立。
- 主动紧握对方的手。
- 与对方保持相同的语速。

- 小心模仿对方的口头禅（如果对方有）。
- 发展并运用镜像模仿技能。
- 发展并运用节奏调整技能。

第 6 章

提升自信的 13 种身体语言

自信是开启成功之门的金钥匙。拥有自信会让风险可测，把握更多良机。哈佛大学教授罗莎贝丝·莫斯·坎特（Rosabeth Moss Kanter）认为，自信介于傲慢与绝望之间。在承担诸多事务之前，我们有必要树立自信。

焦虑可以被理解为自信心螺旋式下降。鉴于特定的心理特征，许多人生来就容易感到焦虑。对多数人来说，外部环境会影响焦虑感，即状态焦虑或环境焦虑。在这两种情况下，身体语言都能有意识地做出改变，人们能隐藏这种情绪，表现得更自信。

定义 **自信**

自信是指个体感觉到且知道自己具备管理人际关系的必备技能。

当我们感到焦虑时，我们的身体语言或许会拾起数百万年前的技巧和策略。遇到困境或感到压力时，人类偏爱采用"3F"准则——战斗（fight）、逃跑（flight）或僵持（freeze）——让我们的身体准备好迎接各种突发状况。

在"战斗"反应中，我们能表现出更多的自信——昂首挺立、肌肉紧绷、坦然应对、对视敌方、拳头紧握和牙关咬紧。我们尽力彰显自信，暂且不论内心感受如何。然而，挑衅可能会引起更多的挑衅，在此不予推荐。

缺乏信心、准备逃跑或僵持不动在身体语言方面表现迥异。我建议你观察一系列身体变化，而非仅仅根据一两个迹象匆忙得出结论。如果你能控制身体的某些变化和反应，那就已经可喜可贺了。

接下来我将介绍 13 种提升自信的身体语言。

放慢呼吸

缓解压力的传统方法之一是，采用腹式呼吸法而非胸腔呼吸法。进入战斗或逃跑模式时，个体因感觉自己受到威胁而快速吸入更多的氧气。对自己管理情境的能力感到自信的人不需要战斗或逃跑，所以呼吸较慢。而呼吸速度在无意识状态下也可能加快，除非情况允许（多数情况下并不允许），否则你还是需要小心地控制、放慢呼吸，以便显得有自信。

如果身体急切地想要逃离或战斗，放慢呼吸等于身体在对大脑说："一切都好，放松就行。"身体和大脑之间存在复杂的关联。资深政治家在接受采访时会被记者质疑，被施压时他们会以另一种方式表达焦虑，但通常不会加快呼吸频率。

当我们感到焦虑时，通常会绷紧肌肉以保护身体。请尝试在收紧胸肌和腹肌的同时采用腹式呼吸法，然而这种做法难度太大，较简单的方法还是放慢呼吸。

眼神交流

当人们感觉受到威胁时，缺乏自信的表现之一是看向别处。

当我们看向别处时，实际上是在逃避某人或某种环境。拳击手在开赛前测量体重时会采取"傲视"策略（盯着对方，却不与其对视），这是为了增加心理优势，以便在稍后的擂台赛中展现强健的体魄。

我不建议你在与他人正常会面时傲视对方，因为目光接触会让你看上去更自信。第7章将详细讨论目光接触对树立自信的作用。

微笑

我们只有在放松、自信时才能开怀大笑（杜兴式微笑）。请注意以下几点：（1）请勿笑个不停，否则就显得有些虚假了；（2）嘴角挂着微笑但眼中并无笑意，这是焦虑的表现；（3）笑得太频繁看上去好像在取悦对方或向对方屈服；（4）自信的人想笑就笑。

昂首挺立

有身高优势总是好事，身材高大容易让人联想到积极主动、安全感、魄力、成功、能力和自信。

蟾蜍、河豚、蜥蜴和变色龙努力让自己显得高大，是想镇住其他动物。每个人都想让自己显得自信。

母亲凭借本能就可以明白许多事理，例如，她知道身材高大能变得更自信，因此多数孩子被要求多吃饭。军人如果不昂首挺胸就会遭到长官的严厉批评。英国皇家警察头戴圆顶盖帽显得威武高大。体育赛事中的冠军会站在中间最高的领奖台上。

身高不理想的管理者发现昂首挺胸很管用，即便比他人矮也能在心理上胜人一筹。

身材较高的人升职加薪的机会较大。佛罗里达大学商学院教授蒂莫西·贾奇（Timothy Judge）经计算得出，比平均身高每高1英寸[1]，每年就能额外赚得789美元[2]的报酬（根据2003年的数据）。这一点在管理层和销售部门都得到了印证，而对社交机会较少的职业来说，如工程师和会计师，身高效力则不明显。人们普遍认为身材高大能增强自信、提高工作绩效，进而实现晋升。

变革型心理学家认为，这种观念可能植根于人类的原始灵魂。贾奇教授写道：

> 原始智人认为，身高属于领袖特质之一，身材高大的人觉得他们更能保护自己和族人。

甚至当孩子刚出生时其身高就能被预测。2005 年在芬兰进行的一项研究表明，1 岁时身高高于平均值的男婴，在 50 年后会获得较高的收入。甚至有人认为身高与智商成正比。

女性也受"身高偏见"的约束。在辛西娅·麦凯（Cynthia McKay）晋升为两家大型公司的 CEO 后（两家公司在美国管理着510 家国内外经销商），仍然会穿 8 厘米高的高跟鞋。她的净身高

---

[1] 1 英寸约合 2.54 厘米。——编者注

[2] 1 美元约合人民币 7.026 元。——编者注

为 1.75 米，已经算很高的女性了！辛西娅承认，尽管她觉得 8 厘米不足以增加个人影响力，但穿高跟鞋仍然有必要。这种说法也许不够严谨，但的确有一定的道理。

身材高大的人的确看起来更有力量，如果你想让自己看起高大且有力量，那就伸展脊椎，拉伸脖颈，把头抬高，双肩下沉舒展，不要含胸驼背。女性应当穿高跟鞋！

英国警盔的设计者一开始就遵循了身高原则，警盔被戴上时稍稍倾向鼻部。为了看清前方，警察必须抬头挺胸。头盔顶部的设计也能让警察看起来更高。

这种身体语言传达出的信息是：它让人显得自信。日常生活中很少有人像拿破仑，即便有人知足于拥有拿破仑式的矮小身材，也需要昂首挺胸。

站稳

当我们感觉冷静时，我们大脑的蓝斑神经元活性较低；当我们感觉焦虑时，我们会感到信心不足，全身进入战斗或逃跑的应激模式，整个人变得更加小心、警惕。人体肾上腺素、去甲肾上腺素、儿茶酚胺让肌肉做好了运动的准备。包括人类在内的多数哺乳动物在想要自保或发起挑衅时会活动身体。有些动物遇到威胁时会站立不动（这样更便于察觉对方的一举一动）。所以，为了显得更加自信，我们应该向这些动物学习。

双肩平齐

当你满怀信心地面对对方时，双肩会与对方保持平齐。当你这样走近某人时，双腿是不会打退堂鼓的（否则就令人费解了）。平视对方能传递出"我们是平等的"这样的信号。

另外，当肩膀与对方保持平齐时，你会显得更高大、更自信。这或许能解释墨西哥军服上配有很大的肩章的原因（美国男性的身高平均比墨西哥男性高 8 厘米）。

所以打开双肩很有必要。

扬起下巴

扬起下巴时你会自动抬起眼睛，抬眼时自然会俯视对方，好像在说"我比你更自信"。如果你想显得谦卑，我建议你低头往下看。在日本，这个动作是社交礼仪的一部分。

据说，哈布斯堡王室的皇子们一学会走路就会在脖颈系上冬青树枝，树枝顶着下巴，久而久之他们的下巴就会永远保持上扬的姿势。

你可能已经注意到，当人们感到沮丧时会向下看，下巴随之下沉。如果为这些姿势配上日常对话，就像在说"你今天看起来好极了，而我不开心"。人在不开心时就会显得不自信。

端正坐姿

端正坐姿同样会让你具备优势。坐下可以产生一种平等效应，因为身高中腿长度占了大部分。英格兰国王爱德华一世身材特别高大，是家喻户晓的"威尔士之锤"，他还有个可爱的昵称"长腿爱德华"。如果腿能够决定身高，那么坐下来便能产生一种平等效应。你是否注意到，脱口秀主持人通常显得比嘉宾要高？这是因为主持人坐的椅子更高，这显示了其主控权。许多高管采用该策略，把自己的座椅调得高于办公桌对面的人的座椅高度。

若想在工作会议中阐明观点，我建议你做两件事：（1）尽可能坐直；（2）融入会议"空间"。

坐稳

请观察英国下议院的发言人，他很少怯场，坐立不动就能吸引数百位听众的注意力；他的自信心和自控力也很强。看看行业内有影响力的人或内阁部长在参加访谈节目时的表现，然后将其与其他名人和明星做比较。你会发现，他们的差别在于，前者自信时会坐得很稳，他们不用通过在公众面前表演来维护自身的地位。

手勿乱动

双手可用来进行自我保护或自我安慰，迅速移动双手表示退让，说明目前的情形让人感到有压力，或者说明我们试图应对眼前的困境。如果遭遇袭击或语言挑衅，我们会自然移动双手进行自我保护。开会时，当我们的观点不受重视时，手会传递"极端"的信号，仿佛你在对同事们说："嗨，是我在说话，你们要认真听。"你会发现电视节目中的新闻播音员很少移动双手，因为他们知道多数观众都在专心收看新闻联播。

让双手保持不动的方法之一是交握双手并放在腿上。如果是在开会，就把手轻轻放在会议桌上。

放慢脚步

想一想，你是否见过哪位资深政治家（不论国籍）是跑步走的？跑起来就等于告诉全世界"更厉害的人等着上台，我只是一个跟班"。当然，有时我们得接受退位的现实，正如乔叟（Chaucer）在《学士的故事》（*The Clerk's Tale*）一书中写道的："时光流逝，时不我待。"如果想获得自信，那就锻炼时间管理的技能吧。

好莱坞最具实力的人往往言语敏捷，步履闲适。

——迈克尔·凯恩（Michael Caine）

多喝水

多数人感到压力时会暴饮暴食，或者在发言之前会清清嗓子。这是因为焦虑时喉头会收紧，这让人看起来缺乏自信。缓解方法很简单——随身带水。若有人质问你，让他先等一下，你喝口水再回答，如此应对不失自信。

放慢语速

当感到焦虑时，人们常常会加快语速，以便尽快地说出想说的话，可能也因为我们担心对方不够有耐心或没时间倾听。何谓适当的语速？请参考电台、电视台播音员的语速。放慢语速还有助于对方理解你的语意，这样做更具说服力。

想必你还记得传统西方粉丝眼中的"公爵"——演员约翰·韦恩（John Wayne）吧？当被问及为何说话中途会喘气，韦恩不紧不慢地说："我只是想让对方知道……（深呼吸）……我还没讲完。"
看到这里就不难理解演员约翰·韦恩为何那般自信了。约翰在许多
场合发言时常常会在一句话结束前停顿片刻。据说撒切尔夫人运用
这种技巧是为了避免记者打断她的话，让自己有足够的时间吸口
气，以保证自己顺利地讲完接下来的话。

小结

想让自己看起来自信，你需要做到以下 13 点。

- 放慢呼吸
- 眼神交流
- 微笑
- 昂首挺立
- 站稳
- 双肩平齐
- 扬起下巴
- 端正坐姿
- 坐稳
- 手勿乱动
- 放慢脚步
- 多喝水
- 放慢语速

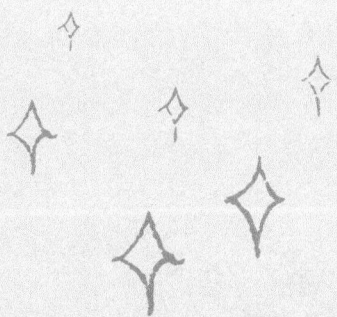

第 7 章

提升魄力的 8 种身体语言

提升魄力的基本原则是尽量让自己受到他人的瞩目，借此传递大量有关个人的信息，甚至包括性情。

要想成为一个有魄力的人，你必须看上去冷静、自信和从容。如果你觉得这样做有难度，就别让对方看出你的焦虑。虽然身体语言能流露真相，但我们可以练习对其予以控制。请记住：熟能生巧，私下里你可以像演员那样根据"导演"的要求反复演练某组镜头，直到无可挑剔。

定义　魄力

> 魄力指行动果敢自信，立场坚定，坚持做自己想做的事，保持冷静和自控。

具体的实用技巧包括以下 8 种。

昂首站直

在英国，身高对就业起着重要的作用，例如达不到身高标准就无法当警察，我认为这则招聘要求有修改的必要。大家普遍认为身高与力量和影响力有紧密的关联，这一点仅凭想象就能够理解，身材矮小的老师很难管教身材高大的学生，即便如此，这位老师也应当昂首挺胸。

拿破仑的身高是 5.2 英尺（约合 1.58 米）或 5 英尺（约合 1.52 米），这取决于你支持英国还是法国的研究数据。据说，法国民众当时觉得拿破仑的身高至少有 6 英尺（约合 1.8 米），而英国在政治宣传中则将他描述成一名"小矮个子"。

有男士认为高挑是女性的优势之一。以汤姆·克鲁斯（Tom Cruise）为例，其第二任妻子妮可·基德曼（Nicole Kidman）比他高 4 英寸（约合 10.2 厘米），其第三任妻子凯蒂·赫尔姆斯（Katie Holmes）比他高 3 英寸（约合 7.6 厘米）。但我并不认为高挑是女性的绝对优势。

当交警让你停车时，其会快速朝你走来，然后俯视着还坐在车里的你。交警的魄力优势体现在两个方面：一是你动弹不得，二是你不得不抬头看他的眼睛。

总之，以上示例都旨在表明：如果你想提高魄力，那就请昂首站立。

伸展身体

耸肩、身体和脚朝向门，这些动作使你看起来像受害者。所以，要想凸显魄力，就尽可能地伸展身体。这有时被称作"孔雀效应"——公孔雀开屏能获得较大的空间。

下图中的两名运动员尽量伸展身体，左边的男士借助手的力量以显示健壮的肱二头肌；右边的男士则双手叉腰以展现魄力。

如果你想让自己看起来自信，请保持脚尖朝向对方，放松身体，双脚微微分开，就像做"稍息"时的姿势。士兵在听到军官的

口令时才会"立正"，这是练兵场的标志性动作，但对提升魄力效果不太明显。

抬头挺胸

想象你的鼻尖上贴着一张便条，现在，把脸抬到合适的角度，这样便不会因头向前伸而显得咄咄逼人，也不会因头向后缩（仿佛试着躲避对方的下勾拳击中你的下巴）而显得傲慢。

当你想进一步占据优势时会有例外发生。这里稍微提一下空间关系学。在警队中如果某警官较难服众，他需要训练自己从容地与其他警员保持私人距离。如果有身高优势，那他可以俯视不合作的警员，以这种优势地位增强其控制力。

目光直视

看对方时，请勿盯着或瞪着对方，以免显出挑衅的意味，让对方觉得你对其构成了威胁。目光直视有助于支配对方，但当你不想与对方有眼神接触时，尽量不要向下看，否则会被视为屈从。神经语言学专家告诉我们，某人双眼向下看还可能表示优柔寡断。提高魄力要求我们尽可能多地用逻辑思考，而非意气用事，尽管这些与身体语言无关。

手臂下垂

自信的标志之一是姿态舒展。遭到攻击或恐吓时，人会迅速将双臂抬起，越过腰间，以便进行自我保护。在面对强势者或面临困境时，这是人的一种自然反应。想显得有魄力、自信，双臂就要下垂，不用担心暴露身体最柔弱的部位。你或许留意到了，在影片中拳王阿里在擂台上来回跳动，手臂保持下垂姿势，他想以这种方式告诉对手：“你吓不到我的，我很厉害，你伤害不了我！”他没有发出挑衅，也不显得被动，只是相信自己拥有精湛的拳技，让自己看起来魄力非凡。

放松双手

与同事打招呼或告别时我们会握手，然而很久之前这被视为一种特殊的手势，即握手是想让对方确信我们没有佩带武器，也不会挥拳攻击他们，现在握手是再正常不过的社交礼仪了。

人在感到紧张或害怕时喜欢握住某样东西，这样才能感到安心，我们在很小的时候就有这种条件反射了，例如，心生恐惧时我们会依偎在母亲身边并紧紧抓住母亲的手或衣服。

手部动作可分为“近端”和“远端”两类。前者是指让手靠近自己，如用手遮住嘴巴或抱紧自己，这通常表示自我怀疑，表明人感到焦虑或恐惧；后者是指让手与身体拉开距离，以示友好，如向某人挥手或张开双臂欢迎或拥抱某人。

"指挥家"手势

有魄力的人喜欢挥舞"指挥棒"，颐指气使，力求突出或强调其所说的话，尤其是当其想让对方重视自己的观点时。"指挥家"手势适用于在公共场所讲话和进行公开演讲，而不适用于一对一的谈话。

"指挥家"手势的要领是：猛地向前伸出手臂，手指向对方，或者像自信、果敢的政治家那样挥舞手臂，类似空手道动作。值得注意的是，这种强势姿态有时可能会适得其反，令彼此剑拔弩张。

综上所述，彰显魄力的手势包括放松双手、勿让他人发现你正在握着某样东西，以及恰当地使用"指挥家"手势。

不要后退

这一点之前讨论得较多，需要记住的是，为了展现魄力，你需要与对方保持适当的空间距离，这个距离大约是你与同事在公开场合谈话时保持的距离。显然，你不想侵入对方的私人空间，那样会带有挑衅的意味，也不要离得太远好像你随时会逃走。那么理想的距离究竟是多远？西方文化要求保持一臂之距，对视时，余光刚好能瞥到对方的腰部。

然而，如果你遇到了麻烦，如无法清楚地阐述观点，那么此时你可以稍微靠近对方一些。这算是一种挑衅吗？回答是：算！而如果你本着完成任务的目的，对方自然会明白，一切应该以结果为导向。

语调平和

谨慎传达信息、慢条斯理、语调平和，这样比大声说话、咄咄逼人，或者一味柔声细气、语气怯懦更易于获得成功。急着指教对方或犹豫不决都会给对方留下紧张、焦虑的印象，建议交谈时多用动词，说话简练，内容具体。

澳大利亚有一种语言风格，在一段话的末尾使用上扬语调，好像在向对方发问。在英国，这么说会被理解为在问对方问题，不仅听上去软弱、被动，还会让对方琢磨："我应该（这样）吗？"或"我会不会（这样）呢？"当我们果断地发出指示时，如"我想让您……拜托了"和"我想让您……谢谢"，这两者之间的差异很大。第一种说法能改善管理者的人缘，若想提高魄力则需要采用第二种说法，它表达出一种假设，即认为对方会按照你的要求行事。说法二巧妙地将要求变成了命令。

小贴士 有魄力的人在发问时一般习惯在句末说一句"谢谢"，而不是"拜托了"。

或许你并不缺乏自信，那么如何兼备自信和魄力呢？下一章会告诉你答案！

小结

想提高自己的魄力，你需要做到以下 8 点。

- 昂首站立
- 伸展身体
- 抬头挺胸
- 目光直视
- 手臂下垂
- 放松双手
- 不要后退
- 语调平和

第 8 章

增加吸引力的身体语言

充分利用自身优势

本章含有大量两性内容，包括两性偏好和需求。在性生活方面多数男性持开放态度，多数女性则比较保守；男性偏爱寻求生理上的满足，女性则更看重情感上的交流；女性精挑细选直至找到适合自己的人，男性则在女性的选择中"竞争上岗"；男性能产生上百万颗精子，而女性的卵子数量很有限。

定义 **吸引力**

吸引力是指能展现如兴趣、魅力、幽默感和慷慨等特质的能力，他人因这些特质想与你交朋友。

世界并非总围绕着金钱转，它还围绕着人类最基本的需求运转，那就是性。这解释了文字语言容易被身体语言打败的原因。在人际互动的早期阶段，体型和行动胜于千言万语。

多数女性抱怨世界的不公正和不合理。在大多数人看来，女性的魅力往往源自年轻、胸围、头发与身材，这些因素主导了她们给他人留下的第一印象，这些都是多数男性最欣赏或最爱评价的重点，在某种程度上，这也是社会对女性的普遍要求。

示例 ┊ 艾伦·艾克朋（Alan Ayckborun）的戏剧《身体语言》（*Body Language*）富有洞见，他创作该剧作的原因之一来自某次翻阅报刊中畅销书榜单时闪现的灵感："英语畅销书榜单中一般包含四本美食类图书，六本化妆类图书。可见这些类别的图书有多受欢迎。"

随着 20 世纪 60 年代女权主义的兴起，人们认为性别歧视会销声匿迹，而容貌歧视却大行其道。容貌不同于性别、性取向、种族、宗教、政治倾向或国籍，容貌歧视过于个人化，几乎无法通过立法加以阻止。

在哺乳动物中，人类的两性关系比较独特，而其他哺乳动物的性关系主要由生物性驱使，多数只是本能性行为。人类也有本能和类似的生理机能，而它们受文化和社会习俗的影响。多数动物是在有需要时才会发生性行为，而人类的性爱则要遵循文化习俗，并克服心理障碍。

阿尔弗雷德·金赛（Alfred Kinsey）博士在 60 多年前就阐述了性的复杂方面："对于性，有人懵懂，有人老道；有人拒绝，有人放纵；有人压抑，有人鼓励；有人惩戒，有人滥用；有人掩藏，有人逢场作戏。"

而当我们展示、表达第二性征时容易唤醒吸引异性的身体语言。注意：本章节从整体角度来谈论这个问题，而"吸引力法则"总是存在例外情况的。

首因效应与近因效应

关于两性之间的第一印象，有必要提及一点：首因效应和近因效应，即第一次见到某人之始和快要告别之前从对方身上看到和听到的。之前提过第一印象（首因效应）的重要性，其实最后的印象（近因效应）的效果也不容小觑。

练习

为了便于理解，请把一串数字"6140903602786"向朋友慢慢念三遍，然后让他们尽可能地写下自己记住的数字。多数人会记住最前面和最后面的几个数字，如"6140"和"2786"。

最先听到一串数字时短时记忆会发挥先导作用，所以人们很容易就记住了这些数字。当人们用短时记忆回忆这串数字时，近因效应的作用就会被激活。

现在请将该心理学原理付诸实践：假设你初次遇见某人就对对方感兴趣（如果你觉得对方的确很迷人的话），那么接下来会发生什么？

下图中，图 1 表示你为了给对方留下好印象而感到有压力。起初你有些紧张，然后渐渐恢复了自信。但到了中间阶段，你较难维持吸引力（男女都有可能发生），于是又开始紧张，表现不佳。

图 2 表示你对那些被你吸引的人产生的首因效应和近因效应。他们记得你留下的第一印象和最后的印象。

图 3 结合了图 1 和图 2。不巧的是，处在最佳状态时，你的一举一动不像最初相遇和告别时那样受对方重视。

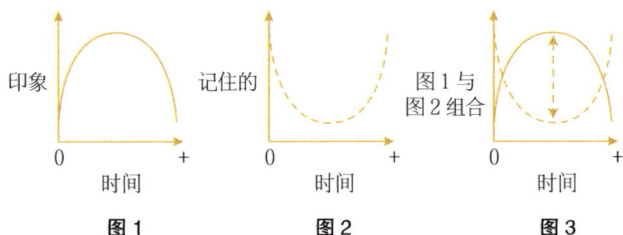

图 1　　　　图 2　　　　图 3

小贴士 当你初次会见某人并介绍自己时，不仅要规划方案，还要考虑如何"退场"，以便尽可能留下最佳的第一印象和最后印象。

我简要地概述一下我们无力改变的方面，它们主要归因于基因，相貌确实会影响人的判断。我们常以貌取人。学术研究报告不厌其烦地关注"美貌"这个话题。

过去，其貌不扬的人会将外貌歧视归咎于媒体，认为它们不断用美照夺人眼球。研究表明，即使媒体不这么做，人们的大脑仍然能够勾勒、幻想出美丽的形象。哈佛大学心理学家南茜·埃特考夫（Nancy Etcoff）说："我们自己就是父母在以外貌为择偶标准之一进行筛选后结婚而产生的。"

若相信进化心理学家的观点，我们就得面对这样的事实：长得漂亮或英俊本没有错。天生丽质者更容易心想事成。不承认自己生活在一个看脸的社会就是逃避现实。不论男女，长相出众在人际交往中都会获得较多关注。在工作或社交环境下，有长相优势的人遭到的指责较少。

关于令 95% 的人都无计可施的事情暂且说到这里，接下来我们来谈一些更加实用的技巧。

邻近效应

邻近效应是心理学的传统概念，可追溯至 20 世纪 30 年代，其实道理很浅显，不用特意求教社会心理学家。简而言之，与某人相处得越久，彼此就越有可能喜欢对方。

工业界兴起了一股"雅伦氏曲线"运动——与其让员工坐在格子间里，不如让他们在大型开放式办公空间中自由走动。这种环境也适用于邻近效应——员工可以直接对话，无须借助聊天工具，绩效因此而改进。邻近效应可生动地表达为：夫妻共进晚餐，一同祈祷，一同种花养草，彼此促膝谈心。

如果你希望自己受欢迎，不妨与对方拉近距离，开怀畅谈，这样彼此间的关系会得到升华。用一句话概括即是：

时光慢走，感情渐深。

在人类历史上，各种文化都对婚姻制定了严格的规则。尽管限制和歧视性的法律法规如今已经被废除，但多数人仍偏爱那些肤色、宗教、文化、社会地位与自己相仿的对象，甚至包括着装风格和眼眸颜色。

想让自己受欢迎，变得有魅力，那就尽量模仿你的目标群体或目标个人的言谈举止吧!

古罗马政治家马库斯·图留斯·西塞罗（Marcus Tullius Cicero）写道："志趣相投者汇聚一堂。"

1967 年，美国 16 个州判定，禁止白人与非裔美国人通婚的法令违反了美国宪法。这要归功于马丁·路德·金（Martin Luther King）付出的艰辛努力。

增加性吸引力的 13 种身体语言

1. 身高

我在前文谈到过身高优势。女性一般希望男性身高高于平均值，至少要比她自己高，这样才能凸显男性魅力。这种倾向大约要追溯到女性在原始时代的需求，即希望有名穴居者能够保护自己和孩子。男性自然希望女伴比自己矮一些。

如果身高不理想，想一想是否还有其他闪光点，如性格、人际关系和影响力。人们一般会在发展这些基本要素上下苦功。

2. 头发

女性头发有光泽代表年轻，美发产品广告中的模特一般都留一头散发着女人味的长发。在西方，男性偏爱金发女郎的部分原因是这类女性更显年轻，30 岁之后女性想蓄一头浓密的金发就比较难了。经年累月，金发也会变得暗淡。

在中世纪，发质差、肤色暗沉被视为一种病症。这也被当今医学界所证实：发质差、脱发可能由缺铁而导致，还可能由贫血、糖尿病、甲状腺疾病和营养不良所导致。

某些女性，尤其是年轻女子不喜欢谢顶的男性。如果男士遇到谢顶问题，那就想一想布鲁斯·威利斯（Bruce Willis）、菲尔·麦格劳博士（Phil McGraw）、肖恩·康纳利（Sean Connery）以及霍默·辛普森（Homer Simpson）这些魅力四射的人吧（允许我开个小玩笑）！

3. 体型

说到体型，先从最明显的地方说起。多数男性喜欢的女性体型特征都具有生育方面的积极含义，如沙漏型身材和光滑粉嫩的肌肤，而女性则较少关注男性的生育特征，更看重安全感。女性希望男性伴侣拥有宽厚的肩膀、结实的下巴、强壮的手臂、有型的臀部和健壮的腿，要是有 V 型身材就更棒了！这对多数男性而言实为不妙。研究显示，腰围和肩围的比例为 0.75 ：1 是最性感的身材。由此我们不难解释许多男士每周要在健身房里花数小时塑造健壮的身材了，如锻炼肌肉松弛的腿部（现在，双腿相较于健壮的上半身显得有点瘦弱）。也许男士们得好好感谢现代男装的风格领袖博·布鲁梅尔（Beau Brummell）把长裤改造得那般新颖时尚。

年轻男士偏爱身材苗条的女性，随着年龄的增长，有的男士会更加理智，喜欢身材丰满的女性。

不巧的是，体型过于肥胖的人一般不太容易吸引异性。连六岁的小孩也知道长得太胖不是好事。肥胖不仅会影响人际交往，还会影响求职就业。

开诚布公地说，女性年轻貌美（皮肤光洁、胸部紧实、头发浓密）能增加魅力，人人对此了然于心。这一切符合"繁殖即延续生命"的进化定律。

我们应当记住，外形的魅力极大地受到文化和时代的影响。即便缺少手臂、胸部偏小，维纳斯依旧是罗马神话中的女神；英国的拟人化形象约翰牛（John Bull）与肌肉线条分明的男模相比身材胖硕，而这两类身材在不同时期均列席性感身材之中。

4. 脸部

男性偏爱能为自己生育健康后代的女性，而女性也偏爱足以保护自己孩子的强壮男性，相较于身体其他部位，人们更加重视对方的长相。

我们偏爱的脸型往往是家族成员所具有的，所以你会被像自己家人的人吸引。这种现象反映出一种类聚效应。

女性年轻貌美在男性看来是最具繁殖力的象征。由此就可以解释，为何女性爱花钱打扮自己，希望自己看起来比实际更年轻了。

在王尔德的时代，男性也会公然装扮自己。之后爱美者发现了乔治亲王的挚友博·布鲁梅尔在 18 世纪创作的时髦服饰。到了 20 世纪 80 年代，人们又发现了更多用来改善男性形象的饰物。现在，在谷歌搜索"男士化妆品"会跳出 4000 多万条结果。

关于男性魅力，新墨西哥大学的心理学家发现，女性在排卵期偏爱体味均衡的男性。男士须后水和香水的制造商们可要牢记哦！

有趣的是，排卵期女性喜爱下巴轮廓分明、浓眉、宽脸颊的男性，这些体征均与高水平睾丸素相关。没有这种脸型不要紧，在较早的卵泡期和黄体期，女性对健康肤质的偏爱高于对下巴的偏爱，这意味着身体健康比完美脸型更能散发性魅力。

不过，形体魅力只是增强性吸引力、促进和维持人际关系的因素之一。长相无可挑剔的明星的离婚率远高于常人，由此可见，容貌确实具有诱惑力，但从长远来看，容貌只是建立长期关系的基础要素之一。

5. 眼睛

眼睛是心灵的窗口，大眼睛能为容貌锦上添花，马克·安东尼（Mark Antony）早在公元前 41 年到访埃及时就发现了这一现象。如果你眼睛不大，在此有必要听取由衷的建议。埃及艳后虽然以她的明眸大眼而闻名，但她还是努力凭其聪慧和甜美的声音为世人所铭记。

在谈论女性的眼睛时，我们还应当提及维克多·雨果（Victor Hugo）的建议，他曾写道："当女士对你说话时，请看着她的双眼，认真倾听。"

初遇心仪的对象时，不妨观察其瞳孔大小的变化，从而判断对方是否对你中意。当然，这不包括在光线昏暗的酒吧，在那里瞳孔放大是为了看清对方。鉴于颜色的收敛效应，蓝眼球的人比棕眼球的人更易被"读懂"，他们更有可能流露出真实情感。

被对方吸引的另一种生理反应是，眼神会变得柔情似水。这很难在后天培养，幸好它容易被识别。

6. 眼镜

早期研究发现，戴眼镜会影响别人对你的印象，这一点挺有趣。戴眼镜的男性更显睿智、认真、保守和勤劳，而男人味稍显不足；戴眼镜的女性看起来更睿智、诚实、严肃，有时还会显得冒失而可爱。

你觉得下图中的哪位女士更有吸引力？

超人、蜘蛛侠、女超人和神奇女侠这些电影中的超级英雄都不戴眼镜，尽管前两位天生男性魅力十足，后两位能源源不断地释放雌激素。

40岁之后，我们会长出白发和皱纹，视力也不如以前了，双手也没那么灵活了，眼镜就成了关键的辅助工具。老花镜会派上用场，这听上去有点刻薄，在希腊语和拉丁语中，"老花镜"都是指"老人的眼睛"。无论男女都不喜欢对戴眼镜的人暗送秋波，这句话是有道理的。

小贴士　　　摘下眼镜显得年轻，能重拾性魅力！多数人的视力会随着年龄的增长而衰退。

7. 两性声音

先回顾一下达尔文的观点：

> 尽管各类动物的叫声包含多种目的，可以肯定的是，发声器官的主要用途和进化的目的都与种族繁衍有关。

多数男性偏爱声音响亮的女性，还记得玛丽莲·梦露对丈夫詹姆斯·门罗唱"亲爱的，生日快乐……"的声音吗？女性一般不会挑剔音高，她们更迷恋男低音。

有趣的是，一般来说声音较响亮的女性拥有迷人的面孔，男性则刚好相反。音高与荷尔蒙水平有关，主要是睾丸素在起作用，它在一定程度上代表了主导能力、生育能力、健康水平和性吸引力。

8. 肌肤

肌肤是身体健康的晴雨表，健康体魄能散发性魅力。某些灵长类动物的肤质表明其对潜在配偶的性吸引力。皮肤的红润程度反映了心血管的健康状况，越健康越迷人，这一点对两性均适用。人类的根本需求是繁衍生息，健康是满足这一需求的先决条件。

9. 体香

即便流出的汗液闻上去是甜的，体味也是一种社交禁忌，而它对身体语言和两性相吸而言不可忽视。所有文化都将体味视为不讲卫生的表现，异性容易对体味心生反感，以此为由果断地回绝追求者。

这与性吸引力有何关联呢？信息素在很大程度上会影响体态吸引力。男性刚流出的汗液会吸引女性，不仅因为雄烯醇[1]的存在，还因为女性从其中闻到了健康的男子气息。个人的体味是由信息素释放出来的，就像银行卡上的签名那般独一无二。警犬沿着逃犯的逃跑路线就能够靠嗅觉辨识体味，这足以令逃犯惊慌失措。人类不如犬类嗅觉敏锐，而95%的人单凭体味（假设还未看到对方）就能判断对方的性别。

近期研究显示，女性对散发不同汗味的男性不会一视同仁，女性能通过体味确认对方是否对其有兴趣。

不巧，女性在闻香识男人方面不及鳞翅类动物（如飞蛾和蝴蝶），它们远隔六英里[2]（无论从哪个方向）都能辨识心仪的伴侣。

含麝香的香氛能有效地增强性魅力。女性的鼻子比较灵敏，哪

---

[1] 男士们请注意：新流出的汗液散发的雄烯醇对女性的吸引力只能维持20分钟，之后它就会暴露于氧气中，转化为雄烯酮（类似于更衣间的气味），这一定不是你希望散发的气味！

[2] 1英里约合1.61千米。——编者注

怕稀释到十万分之一的气味，她们也能闻得见，因此排卵期更容易催生出和谐的性爱，因为雌二醇会增强体味的性吸引力。如果想吸引另一半，请考虑选择麝香。

10. 信息素

信息素[1]对蝙蝠、猪、大象和老鼠都起作用，它能向同类释放真实的非语言信息，表达恐惧和族群成员身份，暗示雄性能吸引雌性与之交配。这听上去不错，不幸的是，无论男女都缺乏在对方身上培养这种长处的机能。几乎所有长有毛发的动物的鼻子里都有科学家所谓的梨鼻器（Vomero Nasal Organ,VNO）。凡是掠过这种有趣器官的信息素都会被识别，继而传至大脑。人类也有 VNO，但它依赖于个体当下的喜好，因此无法有效发挥作用，这种现象就像人类的脚趾，虽然长在脚上，但不及灵长类祖先那样能充分发挥其功能。

不过希望就在眼前。两位诺贝尔奖获得者在哈佛大学的一些研究发现，人类没有尽失祖先的宝贵遗产。我们与谨小慎微的老鼠拥有共同的识别信息素的必要基因。但作为人类，我们还要留心观

---

[1] 信息素（Pheromones）也称外激素，在希腊语中，该词分为两部分："Pherein"（意思是向外转移）和"hormon"（意思是令他人兴奋）。

察，不要盲从鼻子，哪怕你急需寻找一位终身伴侣，也不要被相亲广告牵着鼻子走。

11. 腿部

许多女性想让双腿显得修长，因为腿越长就越能吸引异性。女孩进入青春期后体态会发生变化，同时，生长激素得到释放，尤其反映在女性的腿部生长方面。

下图中的女士走路时腰椎前凸，双手叉腰，但她不是在挑衅，而是为了挺起胸部。

对女性而言，穿高跟鞋（如果能驾驭得了）和短裙会唤醒男性大脑深层的"繁育储备"神经。穿高跟鞋会让女性腰椎前凸，可达到提臀的效果，这是女性进入青春期后的体态。事实上，要想突出腰臀曲线，不一定只能靠高跟鞋，看看沙滩上的性感女士就知道了。发现身材性感的男性时，女性会不自觉地踮脚、曲背。

12. 身体语言与求偶

（1）男性的身体语言与求偶

男性为了吸引女性的注意，求偶时会尽量多说话。说什么不重要，只要能减少其他追求者接触女方以及被女方关注的时间即可。就像雄孔雀开屏是为了吸引雌孔雀的注意一样，男性求偶者想让自己显得更高大，他们会将双肩向后拉伸、挺胸、双手内旋（指关节向外，呈 V 字状）或放于髋部。

男性的进化公式如下：

显得高大 = 显得强壮 = 充满力量的保护者 =

求偶成功 = 生育繁衍 = 基因得以延续

男方试图站在女方面前，微微分开双脚，扩大自己的物理空间，让其他男性断了靠近的念想。如果女方被某位男士所吸引，便会朝他走过去以示接纳；否则，她会冷眼旁观，转向其他的追求者。

下页图中这位男士在做什么？女士有何反应？答案见附录1。

当然，男性为了显得更英俊一般会整理发型，拉紧领带或抚平衣服上的褶皱（处于相同情形的女性也会打扮一番）。

男性会久久盯着女性，不论之前已经看过多少次，他想通过整装打扮抓住女方的心。站到女方面前时，他会反复观察她的眼睛和嘴巴。

对方的瞳孔放大是表明你有魅力的重要身体语言。男女相遇时会迸发一股魔力，彼此想尽量多看对方几眼，瞳孔因此而放大。然而，瞳孔放大只能说明你可能引起了对方的注意（对方被你吓到时瞳孔也会放大），你还必须综合考虑其他身体语言信号才能做出准确的判断。如果女方的眉毛上挑，肩膀不再与你平行，脚尖挪开，那你一定不如自己想象得那般对她有吸引力！

男人自信时会试图将社交距离缩短至私密距离。他会找一些理由让这些显得合乎情理，例如，轻轻掸走女方肩上的发丝或实际并不存在的毛发。他可能还会降低话音，好让女性前倾或靠近他，以便听清他在说什么。如果在这种社交场合中的亲密距离得以保持，男方会更勇敢，接下来在谈话中为了阐明或强调某观点，他会触碰女方的手臂或肩膀。如果女方不后退或不皱眉，他会将手伸向那些社交礼仪所接受的可以被触碰的身体部位。

（2）女性的身体语言与求偶

如果女性想拥有女人味，就需要打开一座身体语言"军械库"！有人觉得男性很迟钝，不能立即心领神会，女性要一连发出两三个信号，男性才会有反应。

女性具体会怎么做？她会触碰自己，如抚弄头发、触摸身体（尤其是脖颈）；她会伸长脖颈以示柔弱，或者笑着回眸，露出颈项时还能凸显胸型。

男性偏爱炫耀力量和支配性，而女性则相反，她们爱露出纤弱的手腕，有时手掌朝上。

嘴也被视为性感器官，当女性对男方有好感时，她的嘴唇会充血，显得更加红润和丰满。她会舔舔嘴唇以便让男方注意她并领会其意。

下页图中的两位女士是同一个人，哪张图中的女士看起来更有吸引力？较多的人觉得是右图，因为其瞳孔放大。

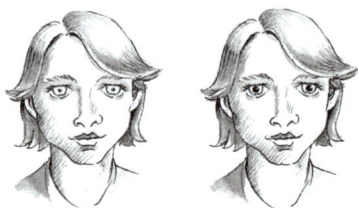

　　女性的双眸会在心仪者身上逗留，这一点与男性相仿，区别在于注视的方式。在社交场合中，女士只会稍稍多看男方一会儿，暗示自己有点心动，然后低下头，也可能会看向一侧，然后再将视线拉回到对方脸上。如果男方未捕捉到这一信号，她会重复这一动作。

　　与男性相似的是，女性看见喜欢的人时瞳孔也会在无意中放大。距今不久，那些希望吸引更多男士，或者想向朋友炫耀自己很受欢迎的女人会将颠茄汁滴入眼中，好让瞳孔放大。颠茄（Belladonna）在意大利语中意为"美女"。

　　还有一点值得强调：当一个人触摸对方社交礼仪允许的身体部位时，表示其希望与对方建立亲密的关系。每位男士都知道，当女方感到不适或仍然对男方有所保留时，会拒绝进一步的肢体接触。在交往中出现打情骂俏的身体接触很平常，彼此关系会由此拉近。特别的身体接触（一般指接吻）能吻开彼此的亲密之窗。人际接触由外围向中心聚合，直至美满，这就像跳舞，双方必须同时舞动，舞步太快或太慢都会令舞伴或双方感到失望。

13. 幽默感

幽默的人独具吸引力，这一点我们都清楚，但很多人不理解原因何在。看看征婚信息，你会惊叹竟有如此多的人希望伴侣拥有幽默感。相亲时幽默感能发挥巨大的作用。

交友识人

多数父母担心孩子交友不慎，尤其是在青春期，此时同龄群体的行为模仿对青少年的社会行为和价值观会产生较大的影响。欲知某人，可观其友。很久前，《圣经》的箴言书就建议世人"与智者为友者必有智慧""有挚友之人必定会表露友好"。

从此现象中我们理解了为何很多人想接近时尚貌美者，或者与智者为友。这样也有助于商业公司吸引人才。多数公司，包括咨询公司都会出示高端客户名单以示诚意。

性吸引力的 21 种信号

对方对你有意的 21 种早期信号（男女均适用）如下。

1. 频频尝试进入你的视线。

2. 试图站在你的面前。

3. 常常对你微笑。

4. 试图逗你乐。

5. 脚尖朝向你。

6. 频频抚弄或梳理头发，触碰自己的身体。

7. 试图找机会接触你。

8. 与你在一起经常大笑。

9. 双臂放在身体两侧。

10. 频繁去你去过的地方。

11. 比其他人更关注你。

12. 比其他人更频繁地舔嘴唇。

13. 进入了你的私人距离。

14. 刚开始时会快速眨眼。

15. 在你面前呼吸得更快。

16. 试着模仿你的言行。

17. 瞳孔明显放大，尤其当光线明亮时。

18. 轻言慢语增加亲近感，或吸引你靠近他。

19. 告别时，表示下次还想见面。

20. 分别时，露出灿烂的笑脸。

21. 握手的时间比较长。

女方对你有意的 21 种早期信号如下。

1. 让你站在她的面前。

2. 看着你，与你初次见面时低下头。

3. 初次见面时微微曲背。

4. 初次见面时有踮起脚尖的动作。

5. 谈话中发笑时会微微伸长脖颈。

6. 将手放在脖颈上或头发下面。

7. 一只脚会在另一条腿的小腿肚后摩擦。

8. 站立时双腿偶尔会稍稍分开。

9. 甩头、拂动秀发。

10. 跟朋友一起时会触碰你。

11. 坐下时会稍稍侧身，以便让你看到她的全貌。

12. 坐得很近时会跷起二郎腿，将离你较远的那条腿架在离你较近的腿上。

13. 不坐在一起时膝盖会朝向你。

14. 坐着时会跷起二郎腿，一只鞋在脚上摆荡。

15. 整理服饰，尤其是抚平腰部的衣褶，以显示身体曲线。

16. 发现你偷瞄她的胸部时并未露出厌烦的表情。

17. 转身露出脖颈。

18. 当你举动滑稽时，她会咯咯大笑。

19. 扭着臀朝你走来。

20. 与你同时前倾。

21. 当你走开时她会一直看着你（让朋友作证）！

男方对你有意的 21 种早期信号如下。

1. 尽量让自己显得更高。

2. 呼吸急促。

3. 试着扩大身体占据的空间。

4. 将双手放于髋部。

5. 一直注视着你。

6. 听你说话时经常微微点头。

7. 手臂不触碰胸部。

8. 打断其他男士与你说话。

9. 你说话时他会一直盯着你的眼睛看。

10. 露出笑容，鼓励你继续说下去。

11. 试着阻止其他男士靠近你。

12. 试着与你拉近距离（保持私密距离）。

13. 找理由触碰你的手、手肘、手臂或肩膀。

14. 你说话时他的头微微偏向右侧。

15. 试图延长与你的谈话时间。

16. 偶尔偷瞄一眼你的胸部。

17. 注视着你穿过房间（让朋友作证）！

18. 主动为你做事（为你拿饮料或搬凳子、开门等）。

19. 试着坐得离你更近，或紧挨着你坐下，而不是坐在你的对面。

20. 口头禅或肢体小动作很明显。

21. 当你起身离开时，试图与你结伴同行。

如何保持吸引力

我讨论的上述内容仅限于第一印象。第一印象固然重要，但男女双方的关系如何进展并形成亲密关系还需要考虑许多其他因素。

初次见面时我们会有所保留。许多行为要遵循社会和文化规范，我们在社交中会频繁地微笑和点头，肯定对方的观点，从而使自己显得随和。

说句题外话，努力留下良好的第一印象，恐怕是招聘面试环节不太可靠的原因之一。面试官和应聘者相对而坐，双方努力展现出最好的一面，应聘者尽可能表现完美，招聘方对公司报喜不报忧，三个月后双方或许就会满腹怨言了。

随着关系的推进，人们的心理世界会敞开得更多。根据马斯洛的需求层次理论，人类一旦满足了对空气、水、食物和安全的需求，性和社会需求就会浮出水面，有关性吸引力的身体语言便会按下"播放键"。为了生存而促进、维持人际关系，不仅要求夫妻双方达到性生活的和谐，还要被同龄群体所接纳。关乎自身的更高层面需求的部分，如人际行为、个性、价值观和宗教信仰，都是维系永久性关系所必需的，也是彼此长期相处、共同生活和工作不可或缺的因素。

衡量成功的基本标准是人际交往技能。作为社会中的一员，你需要学会感同身受、体谅他人、心胸宽广和相互尊重；在工作中你需要被同事接纳、发挥影响力、说服他人，如果你无法让他人心甘情愿为你做事，那你就很难晋升高层。综上所述，要综合考虑非语言技能，充分理解身体语言，你才能顺利地展现上述能力和特征。

现在，你也许感觉自己多了几分魅力。在现实生活中你还需要具备影响力。具体该如何做？请看下一章的内容。

我的辩论能力所向披靡，无论对手是谁。在社交活动中大家都对我避让三分。他们经常不邀请我出席，以示对我的最大尊重。

——戴夫·巴里（Dave Barry），喜剧演员

小结

增强性吸引力的建议如下。

女性

- 尽量多微笑。
- 不得不擦香水时，建议选用含麝香基底（如适用）的香水。
- 头发浓密者请留长发，头发稀疏者请剪短发。
- 金发显得年轻。
- 不要戴眼镜。
- 尽量保持肌肤健康。
- 学习化妆技术。

男性

- 尽量多陪女方（遵守邻近效应）。
- 必要时在适当场合擦些香水。
- 尽量多微笑。
- 昂首站立。
- 锻炼身体。
- 锻炼臂膀和胸肌。
- 有幽默感。

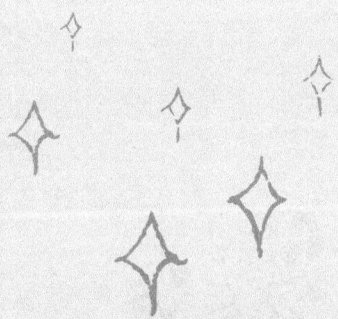

第 9 章

提升影响力的身体语言

获得你想要的资源

除了空气，地球上人类所需要的资源都是有限的。发挥个人影响力，争取你需要和（更幸运一点）想要的有限资源。影响、说服他人（从家人到陌生人）的能力会极大地影响身体需求、情感需求和社交需求。

定义	**影响力**

> 影响力指有理有据，不施加内部、外部压力，说服他人心甘情愿地接受某些预设的结果、行为、观念或态度。

当我们试着影响某人或某类群体时，我们会有意去改变、形成、加深或更正其观念。影响某人或改变其想法绝非易事。许多人的观念和主张好似混凝土，互相混杂且坚硬无比。

> 有些人如果他们自己没有理解一些事情，你是很难让他们理解的。
>
> ——尤吉·贝拉（Yogi Berra），美国棒球手

人都有执念，记住这一点同样重要。当你被质疑时，这种质疑会在心理层面对你的自我观念产生影响，所以直接质问对方就等于在质疑其为人。

改变对方的观念不可操之过急，很多人在说出"可能""是的"之前常常爱说"不"。

这里所说的树立完美的第一印象和做事高效果断具有现实性与可行性。为了检验决定影响力和说服力的因素，我们还有很多工作要做。最有力的因素是专业性——你越专业，就越可能说服对方接受你的观点。

1960 年，身体语言为心理学的发展谱写了重要的一笔。那一年，在美国总统大选终局中，两名竞选人通过电视台和电台发表演讲。通过电台收听辩论的人认为理查德·尼克松（Richard Nixon）表现更佳，而通过电视观看辩论的选民倾向于投票给杰克·肯尼迪

（Jack Kennedy）。

尼克松脸颊的胡茬、暗灰色西装、紧张时易出汗都让他看上去不如肯尼迪更像总统。肯尼迪跷着二郎腿，手势自然；而尼克松神情紧张，紧紧抓着椅子，像蜂鸟振翅般频繁眨眼，显得有些怯场。

尼克松在竞选失利后表示："我花了太多时间准备终局竞选的发言，却忽略了自己的仪态。"

对专业演讲者、政客、出庭律师、辩护律师、说客、励志演说家和一些大学教授（可能还包括一些牧师）来说，不仅说什么很重要，身体语言与话语的一致性以及发言方式也很重要。语言好比钻石，需要适当的身体语言做背景才能闪耀迷人的光彩。

做演讲或报告时，多数人会花大量时间确保其所述内容的真实性，所以会重视说话的实质内容，希望用有说服力的观点和精湛的论证赢得观众的满堂喝彩。

我们了解了尼克松式演讲的不足，从中得出结论：影响他人不仅要靠逻辑思维和理性感知，还需要微笑以及自信的身体语言去释放情感信号。我们说服和影响他人时有必要让自己的话语和身体相互配合。好比氮和甘油，两者分离则相安无事，合二为一就会摇身一变成为影响力巨大的硝化甘油炸弹！梅拉宾的研究发现（见第1章），人们更容易相信非语言沟通比实际所说的话更真实，鉴于"硝化甘油效应"，若想改变人们的思想，你需要同时重视非语言沟通和语言沟通。

好消息是，我们可以同时学会适当控制和使用非语言沟通，以便提升印象管理的能力。

现在让我们看一些有助于提升影响力的技巧。

提升影响力的 14 种技巧

1. 着装

我们更容易信任与自己相像的人。为了表现出你与对方（你想影响的人）相像，可以选择与其类似的服饰或款式。

示例　　　我所在的咨询公司有一位优秀的实习生，尽管她能力足以胜任这份工作，但我们未将其纳入高管培训计划的培训对象。原因有两个：第一，她年龄尚小；第二，更重要的是，她着装风格标新立异。结果还没等面试开始，她就被排除在考虑范围之外了（详见本书有关"第一印象"的部分）。

2. 对视

对视能让你说的话听起来义正词严。倾听者的身体语言能帮你确认其对你说的话是否理解、感兴趣、用心听，以及是否乐意接受你的观点。

如果你试图说服对方，请看着对方的眼睛说话。若想让法官相信你是无辜者，请求陌生人让你搭便车，在街道募集善款，或者想让伴侣相信其身材还能穿上去年买的裤子，建议你看着他们的眼睛说话。

研究证实，当律师向目击证人发问时，后者如果转移视线就会降低其证词的可信度。

以下建议会进一步提升你的专业性。

3. 先吸引对方注意

那些未注意到你的人是不太可能被你影响的。

面向一群听众进行演讲时，最好昂首挺胸、站稳、望向听众，保持安静直到所有人准备就绪。如果仍有听众没有到场，那就静静地坐等人员到齐。在一切准备就绪后，起身走到报告厅的中央，重复前面的步骤。

示例   有位马语者因擅长"善意驯马法"而名声远扬。有人慕名前来将自己的名驹送来接受高级骑术训练。当主人将马领回家时，惊讶地发现马屁股受伤了，于是生气地质问驯马者："我本以为你会温柔地对待我的马呢！"驯马者说："没错，但我首先需要让马看着我！"

虽然我们无法影响没有注意你的人，但我并不推荐马语者的方式。

小贴士　　　在即将演讲前起身走上讲台，目视台下观众，稍等片刻直到台下安静下来。这样做不容易，但能帮你获得关注。这时便可以演讲了。你的外表、气场、冷静等看起来就像一根指挥棒，交响乐团成员们凝神屏息，静候你挥棒示意。

4. 盛气凌人

如前文所述，身高能带来优势，如果你想说服对方，个头比较高会产生盛气凌人的优势。即便观众只有四个人，你也要保持站姿。站得高的好处有两个：（1）说话时增添自信；（2）显得更有威信。研究表明，**66%** 的人容易妥协，尤其是当他们遇到强势的人时。

5. 表达流畅

当你知道自己在说（陈述）什么时会表达得更加流畅。尽管你的音调可以微微变化（声音太高反而显得紧张），以避免声音单调，但你也应该保持说话的流畅性。

6. 放慢语速

虽然语速快显得热情，但你要谨记，当你想影响对方时，让对方理解你说的话并考虑接受你的立场就变得至关重要了。思维通常比语速转得快得多，若不想让对方开小差，就一次只谈论单个方面，暂时忽略其他方面。

为了让信息深入人心，你需要尽量保持热情，但注意不要太激动，无法说服自己又怎么能说服他人？记住：不可急于求成，只要比常规语速稍快一些就可以了。许多优秀的应聘者之所以落选是因为他们未留下充足的时间让面试官考虑并理解其所说的内容，从而使面试官无法将信息与岗位要求相匹配。

此外，说话太快会让呼吸急促，语速加快也是焦虑的身体反应，这样你真的会感到焦虑，进而换气过频。

有影响力的人说话时慢条斯理，习惯于他人的倾听和遵从。他们希望他人服从自己，从而达到影响对方的目的。

前面谈到 66% 人都容易妥协、顺从，1974 年耶鲁大学的教授做了一项著名的米尔格拉姆实验，该实验证实了这一点。2010 年，真人秀节目《死亡游戏》（*Le jeu de la mort*）在法国电视台二台播出时，导演说："我们惊讶地发现，81%的参赛者会遵从节目主持人缓缓说出的指令。"

暂且不论这项实验存在的瑕疵，但是当你想影响、说服或命令他人服从自己时，采用强硬的语气和放慢的语速确实能够凝聚士气。

7. 嗓音洪亮并让声音更低沉

嗓音洪亮显得自信和可靠。嗓音洪亮与大声吼叫有实质性的区别。浑厚的嗓音不仅听上去更有威信，对安抚情绪也有助益。

想了解低沉声音的好处，我建议你仔细听一听电影里富有磁性的旁白。电影预告片中很少能听到女声旁白。

8. 适当停顿

阐述完主要观点之后，停顿片刻并扫视在座的诸位。这样有几点好处：（1）强调刚才所说的话，以便确认听众的思路是否跟上了，看他们是否仍然对自己所说的话题感兴趣；（2）为观众留出提问的时间，这样你就有更多的时间考虑接下来说什么了。

9. 少说语气词

当我们思考该说什么以及怎么说时，多数人会间歇地说

"嗯……啊……"。然而，这样做不仅表示说话不流畅、缺少自信和感到紧张，更不妙的是，这样会显得你的智商不够高。我并不是说天生语速较慢的人不够聪明，总体上看，内向型人格的人喜欢在开口前仔细斟酌自己要说的话，而很少有人因为说话快被怀疑为智商低。

小贴士　　要想显得自信，请尽量在考虑下一句话时稍作停顿，不要用"嗯……啊……"填补空档。

10. 坐姿

你是否发现一个现象，职级较高且知识、经验较丰富的人显得更放松，而职级较低的人容易畏首畏尾。更糟的是，职级较低的人往往坐姿拘束，背部好像系在扫帚柄上，看上去像是在生气或缺乏安全感，而职级较高的人往往怡然自得，能够巧妙地变换坐姿。

总之，你应该尽量做到放松而不显懒散，机敏而不显慌张。

小贴士　　不要只听别人说了些什么，你还要观察对方的表达方式！

11. 移动手臂，身体不动

面向公众发言时请保持站姿稳定。常人在害怕时会跑开，焦虑时会不停地更换姿势。有趣的是，身体反应也会影响情绪，如果身体出现焦躁反应，情绪也会跟着变得激动，这一点说明身心是相互依存的。

当你想影响公众（而非影响个人）时，手臂和双手的动作能帮助解释、强调和渲染你的发言内容，仿佛交响乐团的指挥者那样，注意不要让上半身的动作过于夸张。另外，确保手臂动作与你所说的话协调一致，否则听众会莫名其妙，转而关注你的动作。

12. 眼神接触

正如在一对一讨论中那样，团体成员希望被视为独立的个人，因此我建议发言者不断地与尽可能多的人对视。当你看着他们的眼睛时，相当于邀请他们共享你传达的信息，进而达到理想的影响、说服效果。

13. 手

手的信号包括竖起大拇指或打响指表示"不错"、鼓掌表示欣赏，等等。严格地说，这些信号不能被视为身体语言，因为这些是有意识的身体动作。焦虑时手的活动可被视为身体语言，这是自我保护的下意识反应。手往往会释放多余的能量或小动作，如用手抚弄头发。与竖大拇指不同，这些姿势不用多想就能做到。

有影响力和自信的人在一对一交流的情景下或在团队交流中不会随意活动手（公开演讲时情况则不同）。这让我想起了以下这则笑话。

问："将军什么时候才会移动手臂？"

答："只有当他向总司令敬礼时才会！"

14. 双手交握成塔尖状

双手交握成塔尖状能传递出最强的手部非语言信号。现在试着让双手指尖轻触对应的指关节，体会何谓塔尖掌势。

自信是掌权者的亲密伙伴。练习塔尖掌势，有助于你实现自身成长和职业抱负。

塔尖掌势的合宜性还体现在，双手的手掌均朝向地面，表示掌控或出击；观察一下佛像或耶稣画像，其掌心朝上，不仅代表包容的胸襟，还显现了谦恭的心态。

　　　　如果站着演讲，想让自己看上去有威信又不失风度，可以将手掌按于桌面，双掌的间距不超过肩宽，身体微微前倾。阐明观点之后身体复归原位。

　　如此反复两三遍之后，当你下次再这么做时，观众就会知道你将要说的话很重要。

问题与干扰

　　销售人员能发挥专业影响力，不怕遇到问题和挑战，因为那意味着他们的话被对方牢记，只需要进一步阐明、解释即可。不用心听讲的人一般不会发问。因此，你在与他人沟通时要鼓励对方多提问，鼓励时可以借助非语言技巧。

　　让听众发问这种做法值得尝试，尽管听上去不够聪明。如果人数不多，你还可以坐下来回答第一个问题。想要继续演说起身即可。重复做两三次，听众自然会明白，只要你一坐下来，他们就可以发问了。另外，听众通过你的身体语言感觉他们能够掌控沟通过程，从而更容易信服你所说的话。

在一群人中会频繁遇到这种情形：拥有影响力或想显示自己博闻强识的一类人会不时地打断演讲者或随意挑衅地发问。

演讲时无须注视那些不停扰乱你的人。当干扰意外发生时，请轻轻转动身体，离发问者远一些，以同样"冷淡"的态度回敬对方。

当你遇到干扰时，别流露情绪，那样反而会鼓励对方得寸进尺。由林肯总统的名言改编的一句话或许对你有用：

你可以让某些人永远满意，你也可以让所有人满意一时，但你不可能让所有人永远满意。

个人空间

拥有较大的物理空间表示掌控的权力较大，这不仅指行政办公室和行政级轿车，还指人。行为庄重、魅力超凡的人会获得较大的物理空间。

扩大个人空间的方法不一而足。有些管理者在开会时将双手叉腰（有时不是放在腰上，而是放于髋部），或者将双臂放在头后，双腿向前伸，像是在对下属们说"我才是这里的老大"！

小结

为了提升个人影响力，尤其在团队中，以下建议可供参考。

- 与说服对象或高层领导者穿相似款式的服装。
- 吸引对方注意。
- 如果可能，比对方显得更高一些。
- 尽量利用物理空间展现自信和威信。
- 表达流畅。
- 谈论新内容时放慢语速，想表现热情就适当加快语速。
- 不时地停顿以便于对方理解，或检验对方是否理解你之前所说的话。
- 嗓音洪亮，如果可以，请改善音质。
- 尽可能与大多数观众保持眼神接触。
- 身体站（坐）稳。
- 确保手臂动作与所说的话保持一致。
- 不要摸脸。
- 练习塔尖掌势，尤其是当你感到有压力时。
- 鼓励听众发问，让他们感觉对你的发言拥有主导权。
- 若有人挑衅地发问，请尽量表现出积极的情绪。

第 10 章

日常隐语

非语言沟通的艺术

话语结构并非严格意义上的身体语言，但可将其归类为非语言沟通。

在理解或回应对方的话之前，有必要先理解对方的话语结构及语言组织方式。别只听一面之词，还要观察对方的表达方式。尤吉·贝拉（Yogi Berra）曾说过："用心听，你会听到更多。"

话语结构

我们有信息表达方式的偏好，为了便于理解，我在这里将话语结构分为三类。

（1）结构 1。演讲者开始演讲时会简述相关背景知识和理由，进而慢慢引向主要观点或要求（图中标"星"的部分）。换句话说，演讲者一开始便会告诉听众发言的原因和背景，希望最后的观点（标"星"的部分）能令对方信服。

这种结构符合逻辑，但并非所有人都乐意如此传递信息。

因为演讲者是在听众对某些背景有所了解的前提下开始演讲的，所以这样开启演讲或对话有助于听众理解内容和建立主导权。

完成这一步显然会对表明立场或提出要求奠定逻辑基础。

我们可能需要为图例插入"小结"。

上面两幅图基本相同，第二幅图会让听众放松大脑，以便在下一段演讲开始前提问。

（2）结构2。演讲者起初会提出主要观点或要求，希望得到听众的理解；然后陈述具体的论点和理由；最后以背景知识进行总结。

主要观点/要求　　　　　　原因/理由　　　背景

结构 2 被一些人运用自如，如果他们想表达一个特殊的或很难被一般人接受的观点，就会遇到麻烦。有听众会立刻提问，如果此处不设提问环节，有人可能会发起挑衅。

不过，这个结构在紧急状况下非常实用。例如，当大家听到"着火了"时，会立刻大喊，发现失火的人会带领大家跑到安全的地方，火势蔓延有多种原因，忽视这些原因会导致严重的后果，最终为了就最佳救火方案达成共识，发现失火的人会向各位提问并让所有人都参与进来。

（3）结构 3 更复杂，或者说更有创意。起初，人们不清楚对方的来历和去向，不明白说话人立意何在。渐渐地，当你用心倾听并努力揣测对话引向何处时，便能把对话中无关紧要的信息剔除了。观点和话语就像击鼓传花游戏里的"花"，绕着渐渐缩小的圈转。突然间你明白对话的要点，明白他人想对你解释什么，或者希望你去做什么。如果对方是逻辑表达者，你需要耐心倾听才能全面理解对方的语义。

幽默的开场白　概述　　细述详情　　主要观点/要求

简而言之，如果你了解对方偏好的信息传递方式，并希望与其建立融洽的关系，那么让对方理解你的话或明白你想说服他们的点至关重要。为了做到这一点，请用通俗易懂的方式进行交流，用对方偏好的信息沟通方式能提高谈话效率。说起来容易，做起来难，有时哪怕我们发现自身的问题，但与改变他人的行为相比，我们更难说服自己做出改变。

个性与说话方式

理解信息传递系统的另一个方式是将其看作个人的性格或类型。因为篇幅有限，我在这里不便引用迈尔斯·布里格斯类型指标（Myers Briggs Type Indicator, MBTI）系统地解释性格在沟通结构中所发挥的作用。

MBTI 对性格系列进行了分类，我在这里介绍其中两类，看一看人们是如何做决定的，之后又是如何经营或安排生活的。

（1）做决定：思考型（T）与情绪型（F）

用荣格心理学的术语来说，有些人属于"思考型"，做决定时善用逻辑分析，并且意志坚定。换句话说，这类人在做决定时勤动脑筋。有些人属于"情绪型"，偏爱用另一种策略，即凭内心感受或价值观得出结论。总体上说这类人的决定更人性化，更能站在对方的立场考虑问题。

（2）安排生活：判断型（J）和感知型（P）

"判断型"的人一般生活井然有序，自控力和自律性很高；而"感知型"的人顺其自然，喜欢无拘无束，他们做决定前习惯坐观未来，觉得这样比事先制订严格的计划有趣得多。"判断型"的人喜欢做完一件事之后再去做下一件，而"感知型"的人会尽可能延迟做决定，因为其不确定是否还会有新环境或新机遇。

性格与沟通

你会发现，一个 TJ 型性格（思考型／判断型）的人与 FP 型性格（情绪型／感知型）的人对话就像两艘在浓雾之夜航行的船，他们对彼此的话不明就里。

当 TJ 型性格的人问了一个直接的问题，希望得到"是"或"否"的回答时，如果对方是 FP 型性格的人，其大概不能直接给出肯定或否定的回应，也不可能只用一个字回答，其在作答前会具体询问 TJ 型性格的人背景、情景、地点、时间及其他相关信息，TJ 型性格的人可能会为此感到沮丧。如果夫妻中女方是 FP 型性格的人，男方是 TJ 型性格的人，妻子会因丈夫一句干巴巴的回答而抓狂。

不巧的是，当对方不按常理回应时，发问者会身处尴尬境地，更糟的是，双方在相处时会闹得不愉快，或者直接导致关系破裂，这对双方而言都是损失。享有"一分钟经理人"美誉的肯·布兰查德（Ken Blanchard）认为："个人不会比集体更有智慧。"人并非难以相处，他们各有千秋。好比惯用左手者和惯用右手者，他们不分孰优孰劣。在生活中，50% 的人可归类于 MBTI 人格类型（惯用左手者只占 8%，在文明度尚低的时期，这类人群会遭到偏见和歧视。）

一旦清楚你初次遇到的人的性格组合（没有想象中那么难），你便有机会与之发展人际关系了。

上述性格组合还包含其他类型，如 TP 型和 FJ 型等。如果你觉得有趣、实用，不妨上网查找更多有关 MBTI 以及"凯尔西气质类型测试"的内容，后者更加简明易懂。

说话与小动作

希拉里·克林顿（Hillary Clinton）离开参议院，转任国务卿时，约翰·F.肯尼迪（John F. Kennedy）的女儿卡洛琳·肯尼迪（Caroline Kennedy）凭其得天独厚的政治天赋参加竞选，想填补希拉里的空缺。不巧，在《纽约时报》（*The New York Times*）的采访中，她的表现不佳，失去了胜算。当时记者问她是否会成为一名合格的参议员，她给出了如下回答。

> 所以我认为，能用多种方式，你知道的，鼓励不同的声音，你知道，来代表我们，我认为我为此发挥了，你知道，一个母亲、女人、律师所拥有的经验，你知道，我写了七本书——两本关于宪法，两本关于美国政治。显然你知道，我们的优劣点各不相同。

你肯定留意到卡洛琳·肯尼迪的回答反复出现口头禅"你知道的"。这可能是因为她对资深记者的提问感到紧张。

小动作一开始会被视作一种病症，以法国神经学家图雷特瓦（Gilles de la Tourette）的名字命名，称作"图雷特氏综合征"。患有该病的人身体会突然抽动，或者反复、快速、不受控地以及无意识地发出声响（包括但不限于从咽喉后部发出喘气声、呻吟声、哼声、咯咯声和喉音，这些属于声语抽动）。

该病的实际患病率很低，而许多人会出现与之类似的声语抽动，又叫"口头禅"，如"你知道""就像""换句话说"和"无论如何"等。经常在一句话前说"所以呢"或者"我是这么认为的……"以补充刚才所说的话。

如果你有口头禅，最好学会控制它们，因为口头禅可能会让听众分心，令其无法较好地理解你所表达的信息。较好的沟通技巧是，在发言中间停顿或更换表达方式来替代口头禅。

思考与语速

演讲、讨论或辩论时发出"嗯……啊……"是情有可原的，因为有些话题会让人绞尽脑汁，思考的频率加大且加重认知思维的负担。显然，复杂或大量的信息需要额外的时间加以处理，所以请放慢语速，此时左脑的相应部位会利用这个时间工作以便斟酌适当的语言结构和词汇。因此，我们会用"嗯……啊……"来填补这段时间间隔。就像攀登陡峭的山峰，由于需要额外用力，我们会放慢脚步，开始喘粗气。同样，由于信息较复杂，我们会放慢语速，"嗯……啊……"好比是让思考的时间能有喘息之机。

偶尔使用的这类填补空隙的词或语音能让人在几秒内整理思路，以便接着讲下去。而有的人说话漫无目的，此时这些口头延迟技巧就会很实用，它们能让大脑思考的速度跟上嘴巴说话的速度，从而让对话进行下去。由此可见口头禅不失为一种完美的话语标记或缓兵之计。

正如所有行为一样，口头禅也会变成一种行为习惯，成为固有特征。八岁左右的孩童会说两种不同的英语：第一类是在游乐场对朋友说的，包含生动的词语；第二类是在家里说的，他们不敢在情形二下说情形一中的词语。八岁小孩能掌握这种技巧，大人应该也没问题。口头禅也会相互传染。活跃于 20 世纪 60 年代的喜剧演员彼得·库克（Peter Cook）几乎让"事实上"这句口头禅流行了全英国。如果你有口头禅，就让朋友在你每次说口头禅时指出。有一种腕表经过程序设置，在佩戴者说出个人偏好的口头禅时会微微震动以示提醒。

示例   在不久前，我接待了一位心理咨询客户。他之前找过其他心理咨询师，却毫无成效，最后决定求助于我（一名管理心理学专家），期待我能为其答疑解惑。这位客户习惯不停地说"基本上"。在接受评估时，他会不断地说"基本上我的问题是……""基本上我试图……""基本上我想要……""我喜欢的基本上是……""妻子和我基本上……"

我不清楚他为何会这么说，但显然这对他很重要。在评估过程中及之后的几次会面中，我会尽可能频繁地蹦出这个词来（并非在模仿他），他及时回应并感到放松。之后他对我大加赞扬："基本上，麦克斯，你是第一个说话让我听得懂的心理学家……基本上……我要感谢你帮了我这么大的忙。"

口音与语速

一段时间以来，外包都是公司节约成本的手段之一。联络中心、服务热线、客户服务中心迁移到一些劳动成本较低而英语始终是通用语言的国家。若优先考虑节约成本，这样做实为上策，但却忽略了一个重要方面：当你电脑出现问题时，你拨打求助热线，不仅想弄清楚为何会出现这类问题以及如何解决，还会犹豫是否该打断对方不标准的口音。你认为好像有必要拨打另一通服务热线来理解这通电话。

这么说并非有意冒犯其他国家，即使在英国本土情况也很复杂。例如，比起来自坦布里奇韦尔斯的人，高地人之间更容易说服对方，互帮互助并促成交易；苏格兰人适应在苏格兰生活；甚至在康沃尔这样口音不明显的地方，当地人之间办事也会更便利。然而，当你在餐厅里点康沃尔风味的肉馅饼时（这种馅饼的馅料通常包括牛肉、青甘蓝、土豆和洋葱），如果没有把"Tiddy Oggy"这两个音发准（在康沃尔俚语中，"Tiddy"指土豆，"Oggy"指馅饼），那端上来的可能是牛排、青甘蓝（包菜）和烤土豆。

别试图模仿对方的口音，而是用其他方式促进融洽的关系，并说服和影响他人，这就需要你跟上对方的口音和语速。

促成销售是商业成功的关键，在美国，因为距离的关系，电话营销很常见。针对这个领域，早在 60 年前研究者就展开了有关语速的调研。人们发现，与对方保持相似的语速能增强可信度以及提升影响力。另外，我建议你饱含热情地沟通，那样更有说服力。

小结

- 运用对方偏好的话语结构与其沟通，方便其理解。
- 考虑对方的性格特点。
- 适当（不要太过频繁）地使用对方的口头禅，帮助其更好地理解你说话的意思。
- 不要试着模仿对方的口音。
- 通常情况下与对方保持相同的语速。
- 与对方的音量保持一致。

第 11 章

实操演练

在梳理了本书引用的研究后，我和我的客户本着"多多益善"的原则，列举了人际交往中经常涉及的身体语言信号以供参考，你可以用来检测你的观察能力。

谨记第 1 章的"注意事项 1"：只观察一种你认为有意义的或表达某种情绪的身体语言是没有意义的。"一燕不成夏"，当你开始做出假设和解释时，最好结合三种以上的身体语言进行全面解读。

74 种身体语言信号

基于加布里埃尔·格里芬（Gabrielle Griffin）的初期工作，我进行了如下总结。

74 种身体语言信号

身体语言信号	（可能的）寓意
1. 喉结上下快速移动	焦虑或在撒谎
2. 手臂在身体前方，触碰或抓紧手提包、首饰、衬衫袖口等	缺乏安全感
3. 手臂和双手放在喉结处	缺乏安全感
4. 张开手臂和手掌	包容、诚实
5. 双臂抱于胸前	与不愿接纳的某人或某物保持距离，态度消极。
6. 双臂交叉，一只手臂抓着另一只手臂	缺乏安全感
7. 手臂抓握手提包、杯子等，与对方保持距离	缺乏安全感
8. 侧身	自我保护
9. 增加眨眼的次数	焦虑
10. 深呼吸	放松、接纳
11. 摸下巴	做决定、评估
12. 杜兴式微笑	欢迎、认同对方，愿意交朋友
13. 揉眼睛	困惑、疲倦
14. 凝视	缺乏兴趣或正在思考问题
15. 摸脸，包括嘴巴、眼睛、耳朵、脖颈	隐瞒真相或感到紧张
16. 将手指或眼镜腿末端放进嘴里	做评估或需要人安慰

身体语言信号	（可能的）寓意
17. 脚尖的朝向	脚尖朝向代表注意力所在的方向（想离开时，脚尖会朝向门；发现某人有吸引力时，脚尖会朝向对方）
18. 顿足（跺脚）	烦闷
19. 为对方整理头发	想建立亲密的关系
20. 整理自己的头发	对对方感兴趣
21. 手做劈砍的动作	咄咄逼人或强调观点
22. 双臂放在背后，一只手抓住另一只手的手腕	非常自信，或者压力很大，试图自控（手臂抓得越紧，表示压力越大或越生气）
23. 手托着头	想做评价
24. 用手拍后颈	感觉受到威胁或感到愤怒
25. 双手托着脸，或让脸靠在摊开的双手上	女性惯用动作，为了吸引异性的注意
26. 双手握紧	受挫（挫败感越强烈，握紧的双手抬得越高）
27. 双手在身后自然交握	自信、威信
28. 双手放在口袋里	随和，等待感兴趣的事，或不想参与活动
29. 双手放于髋部	利用空间表现支配性和主导性
30. 双手摊开，掌心向上	接纳或服从

身体语言信号	（可能的）寓意
31. 摩拳擦掌	积极地期待
32. 双手交握成塔尖状，十指指尖接触手背	自信、放松、自我安慰
33. 用手支撑身体	用空间展现实力
34. 握手时另一只手抓住对方的肘部	试图占据优势，或者展示亲密的友谊
35. 握手时掌心向下	试图占据优势，控制对方
36. 握手时掌心向上	控制权交由对方
37. 握手时另一只手扶住对方的肩	想占据优势，或者表示双方关系亲密
38. 握手时另一只手握住对方的上臂	想占有优势
39. 握手时手掌与地面垂直，与对方的握力相似	表示尊重，意识到双方地位的平等性，希望建立融洽的关系
40. 握手时另一只手抓紧对方的手腕	拉近关系，表示接纳
41. 用手触碰脸	态度消极、撒谎或紧张
42. 呼吸急促	恐惧、焦虑
43. 身体前倾	对对方感兴趣，接纳对方
44. 跷二郎腿	姿势内敛，表示服从或自我防卫；对女性来说表示舒适
45. 坐在某人身边跷起二郎腿，离对方较远的那条腿在上面，这样会离对方更近	接纳、喜欢对方

身体语言信号	（可能的）寓意
46. 腿跷成数字"4"的形状：一只脚的脚踝部位搭在另一只腿的膝盖上	自信，或者想支配对方，一争高下
47. 打开双腿（男性）	开放或主导的态度
48. 伸展双腿（男性）	扩大个人空间以树立威信
49. 咬嘴唇	焦虑或欲言又止
50. 舔嘴唇	焦虑或展现魅力
51. 看手表	想离开，感到无聊，漫不经心
52. 镜像模仿	与对方关系融洽
53. 用手遮住嘴巴	想提问或者要说谎
54. 身体退后	不同意某事或感到焦虑
55. 身体向前	对某事感兴趣
56. 握紧拳头，伸出食指	愤怒，想让对方服从或赞同
57. 掌心向下	展现权威
58. 掌心向上	接纳，做好倾听的准备
59. 整理着装	增添魅力
60. 急促地猛吸一口气	惊讶、震惊
61. 正对着对方坐下来	竞争、防御
62. 与对方同坐一排，椅子角度偏向对方	合作
63. 只有嘴巴在微笑	服从、无诚意

身体语言信号	（可能的）寓意
64. 绽开笑脸	欢迎、友好，希望被对方接纳
65. 得意地笑	高傲、缺少诚意
66. 说话流利、语速快	热情
67. 说话时突然放慢语速	在撒谎
68. 昂首站立	想支配、控制他人，或者想展现魅力
69. 咬紧牙关	有压力、生气
70. 手伸进上衣或裤子口袋里，露出大拇指	优越感、支配力、展现权威
71. 拇指伸进腰带或裤子口袋里	有性冲动
72. 小动作或口头禅的频率增加	焦虑
73. 触碰自己	焦虑
74. 转身	想结束谈话

"热身"建议

我们现在已经意识到身体语言很实用，请记住如下建议。

1. 认识你的人（无论其知道与否）为了解你的过去和现在投入了时间和精力。当你（请留意，此处用"当"，而非"如果"）

练习本书中提到的一些技能时，行为会发生变化。这不仅会让对方感到惊讶，也会让他们不得不再次了解你，结果他们会努力地找回曾经的那个你。

2. 到现在为止，你一直有着自己的行事风格，即便世上再强大的意志力和动力也无法让你的行为顷刻间发生变化。行为的改变需要时间，除非你甘愿置身暗室，在一个月左右的时间里一边听着水龙头滴水的声响，一边与魔鬼心理学医师为伴。在自我改变的过程中，你还可能回到老样子，但请记住一个原则——坚持就是胜利！

3. 刚刚学会走路的幼儿想快速从 A 点走向 B 点时会怎么做？爬过去感觉更安全、快捷、自信和轻松。成人与孩童没有太大差异，在遇到压力和挑战时，或者发现自己处境艰难时，你便会退回原地，因为让"新的自己"应对这类情形实属不易。如果你经常这样做，就像新年夜借着酒精的力量下的决心一样，酒醒后你很快就会放弃。

4. 美国有句老话："一寸寸向前挪步容易，一码码跨步很难。"这是一条中肯的建议。每次只发展一项技能便好，就像吃一根意式香肠，没有人能一口全部吃完。每次发展一种身体语言技能，一根吃完再吃另一根，某天你会发现又得去买下一根了！

5. 设定合理的目标。如果某位体质较好的人对教练说："我锻炼一个月就能报名参加马拉松比赛了。"教练知道他过于自负，这是不可能实现的目标。目标太高的运动员失利后会遭受沉重的打击，以后不会轻易尝试，而如果他们设立的目标合理且可行性大，那么他会更顺利地跑完规定的赛程。

> 如果感观之门能被净化，那么一切事物将以原本的样貌呈现，不受任何限制，因为人们容易封闭自己，从他们身处的洞穴的缝隙来看事物。
>
> ——威廉姆·布莱克（William Blake）《天堂与地狱的联姻》
> （ *The Marriage of Heaven and Hell* ）

布莱克的名言提醒我们，人只能通过自身的特定部位去看、听、触、嗅身边的事物，我们就是这样从个体这个洞穴上的缝隙来体验世界的。真实的世界广阔无垠，而我们会看到、听见自己想看、想听的事物。

希望本书提到的有关身体语言的内容是你未曾知晓的，所以也就没有看到或听到，或者即便你看到或听到了，却未能领会其中的含义。当我们有意识地开始发挥或调节五感时，我们会比之前在相似情形下看得、听得和感受得更多。这样，当我们重新审视感知时，就会加深对身体语言的理解。知识和技能之间总是存在着巨大的差异。

　　　　教人骑单车时要教的知识很少，只需要让学车的人把握好平衡，踩动踏板，转动车把，必要时急刹车就行。现在问问自己需要练多久才会骑车？

　　本章后面的练习的好处之一是，你可以在私下或安全的环境下练习，这样当你实际运用这些技能时才能游刃有余。NLP 提出了一种有助于发展身体语言技能的方法，我们可以理解为经历四个互相重叠的阶段。为了阐明这一点，我们以口头禅为例做了如下图例。

无意识地表达缺陷
你意识不到自己有口头禅

有意识地表达缺陷
你知道自己有口头禅，但较难避免

有意识地克服缺陷
你意识到你能够控制口头禅

无意识地克服缺陷
甚至还没等你意识到口头禅，你就不再说它们了

看图答题

试着回答下面的问题（答案见附录 2）。

1. 靠得太近让人感到不适

在下图中，从男士和女士身上你能发现何种身体语言组合？他们传达了何种信息？

2. 很高兴见到你

下页图中的这位女士看到某人（男士）从她右边走过来面露喜色，她表现出了何种姿态？有八种身体语言信号表明她乐意看到此人，你能全部识别出来吗？

3. 一筹莫展的表现

下图的三幅画面中，有哪三种相似的常规身体语言？从左到右体现了表情程度的差异，其中包含哪些不同特点？

4. 衣着得体与衣着不当

下页图中的男士正在参加高管职位的竞聘面试，坐在右侧的男士衣着不当之处有哪几点？

5. 展现男性魅力

下图中的这位男士是如何展现男性魅力的？

6. 蒙娜丽莎

下图中，她的身体姿态传达了何种信息？

提高身体语言技能的 16 个练习

1. 识人训练

在公共场所坐 30 分钟，保持一定距离观察路人，购物广场、火车站和公园都能获得最佳的观察机会。你可以观察路人的体型、姿态、发型、装扮、着装、鞋子、饰品等，并且思考这些有何含义。夏洛克·福尔摩斯（Sherlock Homes）擅长观察，用他的话来说就是：

当你排除一切不可能的情况，剩下的，不管多难以置信，那都是事实。

在威斯敏斯特大学做演讲时，我要求社会心理学系的学生在乘坐伦敦地铁或其他交通工具时携带写字板。他们的任务是观察其他乘客，随后向他们解释自己的计划，并且与之讨论自己所观察到的内容。有趣的是，没有乘客会拒绝这个要求。你应当主动与他们对话，解释你正在学习身体语言，直到你信心倍增。你可以先找到性别、年龄和处事方式与你相似的人开始练习。

学生们遵循的一条格言是："在错误中学到正确的知识。"这样能帮助他们提升观察力。事实上，生活给我们提供了不断学习的机会，只是我们没抓住。

每个人不乏人生经历，但有时不解其意。

——T.S. 艾略特（T.S. Eliot），
《四种四重奏》（*The Four Quarters*）

2. 自我引导或自我肯定

告诉自己"我很自信""我擅长沟通""我很放松"或其他正

面的自我评价。这样做似乎有些令人费解，却能让你做出相应的举动。你可以经常这样做，必要时还可以在公共场所以相同的方式引导自己。在某种程度上，你告诉自己你是什么样的，你就会变成什么样。

> 为了增强自信，临睡前对自己说一些下定决心的话，第二天早晨一睁眼第一件事是：再说一遍。
>
> ——布莱恩·莱西（Brian Lacey），美国励志演说家

3. 昂首行走

或许你在行走时会试着昂首挺胸，看看这样会对自尊产生何种影响。对大多数人来说，自我感觉良好能增强自我力量，变得更乐观、更自信。强大的自我力量通常能提升表现力。

4. 眼神接触

无论在何种情景下，你若想与某人建立某种关系，眼神接触都是基本方式。托尼娅·瑞曼（Tonya Reiman）的畅销书《身体语言的力量》（*The Power of Body Language*）提出了如下建议：

如果你无法与对方保持眼神接触，那就去培养这种技能吧！研究发现，雇主不爱招聘不进行眼神接触的应聘者，认为他们缺乏吸引力、不合群、被动、能力不足、不够沉着冷静，以及缺乏社交技能。

对着镜子与自己做眼神交流，从中享受乐趣。

不妨玩一玩儿童游戏"枪手和武士"，盯着朋友看，谁先移开视线谁就是输的一方。再加一条：不许眨眼，如果你发现自己快要输了，就假装看向对方的眉心。此外，如果你想获胜，那还得记住：别靠对方太近（不进入私密空间），离得远一些，对方就分不清你是否真的在盯着其眼睛。

对有些职业的从业者而言，他们与大众的眼神接触比较少，如售票员、清洁工。当他们发现你正在看他们时，请保持微笑，对天气或其他无关紧要的事情进行善意的评论。你可以分别尝试笑和不笑，看一看会发生什么事。

掌握此项技能后，请练习捕捉与你同乘电梯的乘客的眼神，对其微笑并做出适当的评价。最好选择年龄与你相仿、性别与你一致的人进行此项练习，这样不会出现差错或沟通上的误解！

友情提示：别尝试与你不熟悉狗对视，除非你穿好了盔甲！

5. 微笑

在公共场所，当有人与你对视（他们看向你，而不是你看向他们）时，你可以对其微笑并点点头，看看有多少人会回应你的微笑。对与你不同的人微笑，看看会发生什么事。

郑重提示：不要在公共卫生间或其他类似的地方尝试此种方法。

如果你很害羞，感觉对陌生人微笑有挑战，那就去大型超市，对带着自己两岁以下小宝宝的女士微笑，这是社交礼仪所允许的，因为每位母亲都希望自己的漂亮宝贝讨人喜欢。

6. 瞳孔

收集十张印有房子、衣服、动物等图像的图片，分别标上数字。与朋友面对面坐下，每次给他们看图片时观察其瞳孔，同时自问："他们的瞳孔有何变化？"

为了防止干扰对方，你不必记录，如果数据被破坏，你就得不到期望的结果了。

接下来，再次展示这些图片，观察对方的瞳孔是否因看到某张（些）图片而明显放大。

记住那些让对方瞳孔放大的图片，不确定的话请耐心地重复这个过程。

一旦确信哪些图片对你朋友而言是重要的就记住，不要让朋友发现你在记。

然后让朋友挑出他们觉得最有趣、最吸引人的三张图片（无论图像是何种类型的）。

如果你朋友选出的照片与你记住的相似就再好不过了，希望如此！

7. 双手

如果你以大于肩宽的幅度或在脖颈以上的部位挥舞手臂，表明你表达不够流利、缺乏自信，或者你不习惯公开做演讲，你认为自己有必要增强个人魅力，以维持听众的注意力。

当你坐下说话时，双手交握，十指交叉成塔尖状，或者站立时让双手自然下垂。如果你很难改变挥手的习惯，那就将手背在身后。这些姿势都会让你意识到自己想在说话时展现标志性的动作。意识到这一点是改正习惯的关键环节。

如果手臂不受身体控制，你只需要放松手臂，在强调某句话时让手臂自由发挥，并且让这些肢体动作与你所说的话保持一致。

8. 别人说话

人人都有口头禅，你在说话时少量使用对方的口头禅，看看对方会有什么回应。

当你与陌生人聊天时，你可以尝试根据对方的语速调整你的语速。

还有一点需要记住：除非你的模仿技艺精湛，否则不要尝试模仿他人的口音。他们一贯如此说话，如果你模仿，他们轻易就能分辨真假。

9. 练习说话

借助录音设备做以下练习：

（1）练习改变语速；

（2）练习变换音调；

（3）用正常语音练习说同样的话，面带微笑再说一遍；

（4）坐下和站起时练习说同样的话；

（5）重复练习几次，每次给不同的词语加上重音；

（6）反复练习说"他们在吃苹果"和"猎杀行为真恶劣"，两句话会产生不同含义；

（7）带着感情朗读电话号码簿，依次念出姓名、地址和电话号码。

最后一步是践行约翰·卫斯理（John Wesley）的名言："燃放热情之火，吸引人们远道而来。"

回放录音听自己的声音，你也可以与朋友一起听并讨论，然后回答以下问题：哪些对我有用？哪些能为我所用？坚持练习直到形成习惯，练习时无须思考或扯着嗓子喊。

10. 私人距离

在社交活动中观察人们之间保持的距离。当你对某人说话时，有意识地轻轻向前移动身体或躲开一些，看看会发生什么事。

私人距离受文化因素的影响。以外交会议为例，当你想与对方说话时，请遵守有关私人距离的文化习俗——有人会靠近说话对象，而有人会后退，与说话对象拉开距离。

11. 着装和第一印象

想想你的着装方式。你是时尚达人吗？是什么、是谁影响了你？你做了何种声明，或者他人是如何通过着装对你形成刻板印象的？

穿着得体向陌生人问路；穿着随意，蓬头垢面，手和鞋脏兮兮的，站在原地向同样的人问同一个问题。然后思考在这两种情形下对方会有何种回应。

观察公司或同行中高层管理者的着装，以及工作时你的着装风格。你们有何区别？你应当做些什么？

坐在公共场所（如火车站）看着人来人往，尤其要观察大家的穿着，从细节猜测路人的职业。即便猜错了，你也能了解自己有何刻板印象和偏见。

参考专业杂志，关注你所在专业或行业的着装照片，问自己："他们树立了何种形象？原因是什么？我需要这么做吗？"

12. 发现破绽

这是一项有趣的练习。朋友把双手背在身后，在其中一只手的手心里藏了一枚硬币，然后他把紧握的双手伸到你的面前，让你猜硬币在哪只手里。

观察朋友的双手（双手高度不一），注意对方的眼神看向哪里、鼻尖朝向何方、身体是否前倾。某些迹象透露了硬币所在的位置。连猜三轮你大概就知道朋友的破绽了。这很神奇！值得你好好练习！

13. 空间关系学的魔力

在做这个练习之前你需要做以下准备：

- 与对方保持至少 3 米的距离；
- 准备两把能轻易移动的椅子；
- 准备铅笔和纸。

对某人说你在观察他，然后与对方聊一聊，看看你对他的分析是否正确。别说有关私人空间或身体语言之类的话题，因为有些人不想参与这类游戏。

找个朋友参加这个游戏。首先独自在纸上画一条中间断开的直线，画完后把纸折好放在一边，不要让朋友看你画。然后搬来两把椅子，让它们相隔 3 米，你与朋友相视而坐，你可以聊一聊度假的话题。同时你建议对方移动椅子靠近你。随着对方向你移动椅子（不要让他把椅子或身体移向别处，也不要让他跷二郎腿），当他们靠得足够近时，问他们是否感到舒服。只要他们说"是的"，你就让他们保持不动（因为有些人一停下就会靠回座椅上），然后说"肩膀不要动，直接将左臂伸到面前就行"。你以同样的姿势伸出右臂，你们的手臂与地面保持平行并指向对方。注意你们中指之间的距离。然后将手臂放下，打开折好的纸让朋友看。你会发现，你们的现实距离会变得与你之前画好的距离一致。

如果朋友对身体语言感到好奇，想一探究竟的话，请不要将书直接借给他们，让他们买一本，谢谢！

显然，这对家庭成员或与你有亲密关系的人不适用。

14. 果敢

威斯敏斯特大学社会心理学系的学生要学习很多课程，其中之一是在高峰时段赶往伦敦地铁环线，对一个坐着等车的人说："打扰了，我可以坐在这里吗？"他们可以采取多种方式提出这个要求，例如，大方地在问句后面加上肯定语"谢谢"而不是在前面加上"请"字；大声但温柔地说话，可以微笑（或不笑）；坐在对方旁边（等于走进了对方的私人空间），然后再离开；穿戴正式或休闲；分别问男性和女性；问年轻人和中年人（不宜问老人、残疾人和孕妇）。如果对方答应或反对你的请求，就告诉他们为何要这么问（如果发现对方有任何不满的迹象，就赶紧说明来意）。接下来的一周我们会讨论结果。学生们感到高兴的是，无论情况多么不同，多数被问到的人会立刻答应，毫无疑虑。

这是所有课程中最具挑战性的任务，建议你和朋友一起完成这个任务，这样你会自信倍增。

15. 镜像模仿

当你与对方关系融洽时，自然就会与其步调一致。适当保持距离，观察他人闲谈，你很快就会注意到，当一方向前移步时，另一方也会以同样的方式前进。他们会同时向前、向后活动手臂，喝水时每一口的动作基本一致。奇妙的是，他们甚至在不知情时就会如此同步。

与朋友相对而坐。在安静的环境下对方会慢慢移动双手和身体，你在模仿对方的动作时尽量放松身体。相互轮流进行角色扮演，两三轮后你就能预见朋友的动作了，这样你的动作会越来越自然。

接下来让朋友聊一聊他上次度假的情形，或任何感兴趣的话题，你坐着不动即可。然后问朋友他最喜欢哪个情景，或者他觉得哪个最有趣（也可以问类似的问题，激发朋友的热情），然后逐步镜像模仿对方。你要一直问问题，不要让对话中断。在对话结束后，问朋友是否注意到你在模仿他，以及他何时开始注意到这些。如果他给出了肯定的回答并提供了具体的细节，想一想他还忽略了什么动作？如果多数动作被他所感知，请坚持练习！

建议

在社交中不要有意地模仿他人。你最好能达到"无意识克服缺陷"的状态，再去公开场合练习镜像模仿。

当你独自练习时，可以在电视台正播出脱口秀节目时参照主持人或嘉宾说话时的姿态进行镜像模仿。

如果你与对方关系融洽，他可能会因为你有某种举动而调整自身的动作。然而你有时看到自己的"镜像"，却不知道那个就是你自己。换句话说，你弄不清楚谁在模仿谁。

16. 观察

多数人独自一人去餐厅、休息室或酒吧时会玩手机。为何不用身体语言技能去观察他人呢？你可以观察一两个人，也可以观察一群人。你的经验自然能派上用场，人会不由自主地对他人做出评价（见第 3 章 "7/11 效应"），现在问自己观察到了什么，如何证实你对他人的初始结论，以及他们的关系及情感？在大部分时间里你是否观察到了相同的事情？如果的确如此，是否表明你有较大的偏见，应当提高观察技巧？

人们常说，电视毁了交流的艺术。实际并非指电视本身，而是电视支配并影响了家中座位的布置。如果你不得不扭头跟朋友说话，就很难享受交谈的乐趣，即便你们都舒服地坐着。于是家庭交谈的场所应该从客厅转向餐厅。

你是否曾经想过，在城市的拥挤街道上，为何很多人会分开走，相互之间几乎不会产生心理交集？如果你刚巧遇到一位从乡间小路上向你走来的人，你或对方会主动对彼此说句"你好""下午好"吗?

建议: 考虑并实施观察任务,选择适当的距离(你可不想被人指控或怀疑成一名偷窥狂)。

注意: 上文中的所有练习都只是建议,并非强行要求。因练习造成不良后果的,作者和出版社概不负责。

第 12 章

结语：道德标准、身体语言及其运用

本书主要讨论人们如何与自身及他人建立关系，又是如何理解这些关系的。做出行动选择时，你会对自己和他人造成影响。道德方面的决定建立于相互尊重、信任和责任感等价值观之上，暂不考虑精神或文化根源。做善事也需要回报，因为我们生活在一个资源有限的世界里，就连家庭、孩子、朋友和其他一切人际关系都是有限的。最终，每个人都不得不确定，从他人那里索取的是否会削弱本真的自己，或者阻碍自身成为自己想成为的那种人。撰写此部分的目的是，作为一名心理学家和牧师，我羞于看到有些人为了一己之私而利用本书中介绍的技巧去混淆视听。

　　理解身体语言（尽管有时凭本能也能明白）有助于我们适当地与他人沟通并增进相互理解。全书谈到如何轻松地与他人建立融洽的关系，如何说服他人，如何让自己更有魅力，如何表现才能让他人为你着迷。我们力求创造符合自己预期的结果，否则便没有必要劳神费心了。

你诚实吗

> 谨记：要对自己忠实，就像黑夜必会在白天结束后到来，对自己忠实才不会欺骗他人。
>
> ——威廉姆·莎士比亚（William Shakespeare），
>
> 《哈姆雷特》（*Hamlet*），第一幕第三场

《哈姆雷特》中的波洛尼厄斯（Polonius）对其子雷欧提斯（Laertes）说的话的真正含义是，人们过多地考虑他们想成为哪种人，却从没有好好想一想他们究竟是怎样的人。

如果你对自己的外形满意，便会庆幸自己出生在一个基因优良的家族，若不满意便会自怨自艾。我们在成年后身高和体型会变得与父母很相近，就像从同一个模子里刻出来似的。

真相是，人类的基因在主要性格特征（快乐、焦虑、紧张和果断等）中所占的比重比生活环境和教养方式所占的大得多。从某种程度上看，"我们是谁"是由基因决定的——我们做出相应的举动，

证实身体语言与基因是匹配的。

有充分证据表明，那些拥有积极自我观念的性格开朗者通常更容易成功；而那些天生自信心不足，较内向的人一般犹豫不决，语速较慢，开口前习惯先观察，考虑再三后才会发表意见，他们的内心世界丰富，但不太合群，较少与他人对视。有时候，自信而极度内向的人也可归为该类型。

这个道理告诉我们，如果想做出改变就必须善于应变。我们在某些情况下最好能改变一些习惯，根据当前具体情况做出相应的反应。举个简单的例子：多数父母会娇宠孩子，偶尔在特定情形下不得不变得严厉，如对孩子厉声说"向我发誓你没有……"（私下里却为孩子词汇量的增长而窃喜）。这同样适用于性格内向者，偶尔有必要钻出保护壳，果断行事或展现自信。我们需要运用不同的身体语言技巧，并且有意识地加以运用，根据特定情况随机应变，但不管怎样，你必须对自己坦诚。

无论与他人建立融洽的关系是否重要，但显得自信且果断从容、通过面试、找到新伴侣、发展身体语言技巧等都让提升非语言技能变得极其有意义。

凭借常识和经验就能知道，本书提供的策略和技巧并非总能派上用场。如果它们真的是万能钥匙，只要买下本书就能让这笔小投资的收益翻 10 倍了！

我们希望更多的人理解、运用身体语言和非语言行为，并非是说我们想操控他人。稍微想一下，你就会发现这种情况是有可能出现的。人自诞生那一刻起就具备了操控他人的能力。实际上到两岁左右，孩子会变成"无敌小超人"，牢牢地拴住大人们的心。婴儿自然而然就能掌握强效说服法则，用一句简单的话概括即是："此计不行，再想一招！"

你自然会觉得小宝宝的所有要求都是合情合理的，这里用"操控"这个词不太合适。打扰家长对小宝宝来说就是合理行为。随着人类向成熟阶段迈进，为自己创造"预期的结果"被视为天经地义。谈到"影响"这个词，你可能会发现一些同义词，如"逼迫""说服"和"操控"。

或许我们都想创造令自己满意的结果，在考虑自己和他人的行为时，就有可能运用这个概念来获得自己期望的结果，做法是将动词的程度下调，如下所示：

- 我影响他人实现预期的结果（我永远不会操控他人）；
- 你说服他人实现预期的结果（你有时会操控他人）；
- 他们操控他人实现预期的结果（他们总是在操控所有人）。

在所有人际关系中心怀善意

思考片刻你便会明白，如果他人利用我们创造其想要的结果，我们的社会生活、经济状况或自身便会因此受到伤害，这时我们会更加关注人际交往的道德标准。此时，脑海中会立即蹦出"不公平""不正确""以自我为中心"和"不平等"等词语。没有人喜欢在不知情时被他人利用，不过当你本着善意行事且对自我感觉良好时，你不太可能会考虑自己的行为是否会被他人接受。结果是好还是坏，是消极的还是积极的？如果是消极、不适当或有害的，你会让身体语言和非语言行为表达出"其实，我的本意是好的"吗？有句话叫"好心办坏事"，这句话简练生动地说明了上述道理。所以即便心存善意，但如果使用这些技巧时不考虑它们会对他人造成什么后果，这种行为也是不道德的，结局无法预料，尽管当初你的确是从善意出发的。

思考道德准则时只想结果而非意图，就会落入结果论的深渊。伊曼努尔·康德（Immanuel Kant）的绝对律令和托马斯·霍布斯（Thomas Hobbes）的功利主义在此不具有理想的参考价值（其中，霍布斯最大胆地权衡了利害关系，得出的结论是：对多数人产生最大利益的行为就是"正确的"，暂且不论这些利益是否来自操控或谎言。按这个逻辑，那些熟练使用身体语言的人就没有顾虑了）。

那么我们应该何去何从？我想到亚里士多德的尼各马可伦理学，今天又被称作"德性伦理学"。它告诉我们：完善自己，好事便会随之到来。尽管此观点尚待考证，但至少可以将该理论理解为一种黄金法则（有时亦被称作"互惠伦理学"）："己所不欲，勿施于人。"

数百万人倾其大半生的时间试图在建立更有效的人际关系中让双方的利益最大化。用经济学术语来说就是"非弹性需求"（对某商品的渴望不会轻易随价格的升降而改变），大意是无论你做多少总是不够的。

基于本能，当你使用书中谈及的技巧时，只有你知道自己是否意图动摇、影响或操控他人。这不是逻辑判断，当伦理法则和价值观遭到质疑时我们会立刻明白。所以，要让人际交往行为符合道德准则，我们首先要意识到自己的意图，还要利用相同的道德律令评价结果，从中学习经验教训。奥斯卡·王尔德（Oscar Wilde）的一句慧言点醒了世人：

> 每个重大过失（或许现在已经得到弥补），事后回想起来不过是当时的一念之差。
>
> ——《道林·格雷的画像》（*The Pictures of Dorian Gray*）

当你练就了一身本领（能够掌握身体语言技能，领会非语言沟通，我希望这是本书助你一臂之力的结果）进入社会时，作为一名心理学家和牧师，我最诚挚地希望你能在所有人际关系中心怀善意，尤其不要制造伤害！

战胜自己才能战胜一切，做最好的自己吧！

译者后记

在翻译的过程中，我使用最多的身体语言是"手指敲击键盘"，它是我与本书互动的方式之一。身体语言的魅力无法阻挡，而使用不当也会让"煤气"泄露。在此简要谈一谈我的感想。

"身体语言"（Body Language）这个词语大家并不陌生。人际交往日益频繁，其重要性人尽皆知，越来越多的人开始有意识地观察他人的身体语言，揣测他人的想法，以及接下来打算如何做。相比较而言，我们对自身身体语言的重视度不够，或者说即便注意到了，也不知道如何适当地改善、调整。

我发现，身体语言的"海洋"蕴藏着一股巨大的能量，它能引发哲学思考。身体语言属于一种行动，它与道德准则、目的、结果、行事意愿等密切相关。麦克斯·埃格特在书中也明确提及人际互动的道德准则、结果论和互惠伦理学等概念。针对翻译工作自身，大概可以这么理解：我是带着"目的"工作的，即要在既定的计划内完成译著；读者在阅读这本书时会有目的地学习运用身体语言影响、说服他人，或学习观察对方的身体语言，避免被其说服、影响。阅读时如果只能感知到这些"目的"，满足于学会理解身体语言（握手、身体前倾、微笑等）的外在表现及其在人际交往层面的含义，本书或许只能作为一般社交指南，效果不会比在谷歌上搜索相关条目更实用。显然，情况不止如此，我领会到了更多的"言外之意"。

身体语言为人际沟通服务，它们无法与道德撇清关系。社会中的人们遵从道德行事，这不必多言。身体语言的道德标准关乎何谓正确或错误，何谓积极或消极。从善意观出发，本着善意运用身体语言，不论其产生何种结果（或许无法预料结果），均可视为是正确的，而麦克斯对此表示质疑。身体语言的正确与否要结合最初的意愿与行动的结果做评断，只强调善意的出发点，对结果关心不足或完全忽视即是片面的善举，有时还会被利用以粉饰违法乱纪。然而一味关注身体语言产生的结果（拓展社交圈，赢得信任），很少考虑行事的意愿也不适当，大家从如今的一些商业行为中可一窥其弊。

运用身体语言说服、影响他人时，一般会先从自身的立场、利益考虑问题，这是人性使然。而麦克斯否认"利益最大化"的观念。如何权衡私利与他利，虽然不是读完本书就能全面了解的，但它间接地提醒我们，不可窃喜于身体语言技巧为自己带来的甜果，还应当多为对方考虑。正所谓"己所不欲，勿施于人"。

身体语言的使用者和作用对象千差万别，很难仅从一本书中找到普遍适用的锦囊妙计。或许我们应当更多地从身体语言本身考虑，麦克斯提到亚里士多德的尼各马可伦理学，另一种译法"德性伦理学"更便于理解，即完善自己的身体语言，之后好事便会跟着到来。中国古语"修身治国平天下"中的"修身"也包含了先修炼好自身（包括身体语言）的道理。并非人人都可行大德，而从小德做起则人人皆可。

在翻译过程中我所领悟的其他道理是基于文字和生活体悟之上的，除非作者在书中做了明确说明，译者不敢妄加定论那即是作者的原意。然而，无论是翻译还是写作，都是不断激发灵感、思考的过程，于译者和读者而言，读书的魅力也在于此。简而言之，本书不仅是一本社会心理学实用指南，它还唤醒了人性之光、思辨之泉。请别忽视那些小技巧，它们能帮助你收获生活的硕果。希望大家耐心、反复地品读。

附录 1

书中问题的参考答案

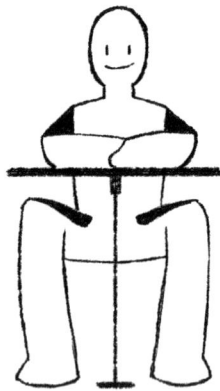

1. 对"表情"的解密

图中男子的情绪是：生气。以下七个依据可以支持该结论。

（1）眉头紧锁。

（2）身体前倾，几乎与对方保持私人距离。

（3）鼻翼扇动。

（4）下巴挑衅地抬高。

（5）（左手）握紧拳头，像是准备动手。

（6）注视前方，尽可能把眼睛睁到最大。

（7）（右手）半握拳，伸出食指指着对方。

2. 对"抱住双臂"原因的解密

某人抱住双臂的原因如下。

（1）身体感到冷。

（2）这个姿势令其感到舒服。

（3）习惯抱着自己。

（4）椅子没有扶手。

（5）腹痛。

（6）胸围超常令其尴尬。

（7）一种正确的关注方式（尤其对孩子来说）。

（8）腋窝发痒。

（9）想遮住腹部赘肉。

（10）展示自己刚刚订婚。

（11）炫耀晒成古铜色的皮肤／纤细的手臂／肱二头肌。

（12）断了一根肋骨，不方便动弹。

（13）炫耀腕上的名表。

（14）想给对方留下印象。

（15）可能认为以这样的姿势坐着听演讲更合适。

（16）感到焦虑，触摸自己能放松情绪。

（17）学父母的惯常坐姿。

（18）按父母的要求坐着。

（19）衬衣掉了颗纽扣。

（20）吃午餐时不小心将肉酱滴到了衬衫上。

3. 对"私人距离"的解密

以下迹象表明女士不欢迎这位男士打破其私人距离的界限。

（1）尽管仍然在笑，但笑容有些勉强。

（2）肩膀稍稍移开。

（3）身体比肩膀移动得更明显。

（4）从双脚的姿势看出她想走开。

4. 对"镜像模仿"的解密

表示相互进行镜像模仿的身体语言信号包括以下四种。

（1）靠向对方。

（2）两人的双臂保持相同的姿势。

（3）两人都在微笑。

（4）两人都歪着头。

接下来他们可能会有的行为如下。

男方：转过头看着女方表示赞同她所说的话；他的身体可能会

向左转，表示对女士非常感兴趣。

女方：伸手触碰酒杯，像男士那样把手向前伸，保持亲密距离。她甚至还会去碰酒杯。

5.对"姿势"的解密

男士的姿势传达了以下信息。

（1）试着尽可能保持对视：增加亲近感。

（2）昂首站立：树立良好形象，彰显自信。

（3）站姿端正：表示被女方吸引，尽可能展现自信、友好的一面。

（4）基本与女方保持私人距离：想与她交朋友。

（5）左臂搭在椅子上：随和、不拘谨。

（6）右臂叉腰：扩大身体体积，想让自己显得更高大。

（7）双臂姿势：防止其他男士靠近。

女士的姿势传达了以下信息。

（1）笑容勉强：对该男士兴趣不浓。

（2）没有抬下巴：不想凸显胸型。

（3）左肩移开：想停止交流。

（4）前臂放于身前：自我防御。

（5）腿部（尤其是左腿）从男士面前移开：表示很想离开。

（6）没有踮脚：不希望展现迷人的胸部线条。

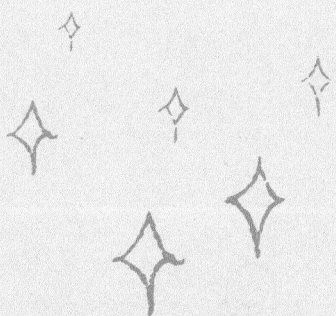

附录 2

"看图答题"的答案

1. 靠得太近让人感到不适

男方想表示他被女方所吸引，原因如下：

（1）他坐在沙发边沿，进入了女士的私人空间；

（2）身体向女方倾斜；

（3）尽管坐着，但他努力让双肩与女士保持平齐；

（4）努力增加与女方的眼神接触；

（5）展开手肘，让自己显得更高大；

（6）右臂向她移动；

（7）右膝向她靠近；

（8）双手交握以彰显自信。

女方对男方的行为感到不适，于是做出了以下动作：

（1）身体移开，紧贴沙发扶手；

（2）挺直背，不退后；

（3）手肘贴近身体两侧，保护身体，不凸显胸部；

（4）伸长左前臂，放在大腿上；

（5）左肩不动，保持一贯的优雅姿态；

（6）跷二郎腿，此处表示自我防御；

（7）跷在上面的左腿离男方稍远，进一步拉远距离。

2. 很高兴见到你

说她高兴是因为以下几点：

（1）她将身体转向对方；

（2）头后倾并露出颈部；

（3）开怀地笑，双眼饱含笑意；

（4）与对方有眼神交流；

（5）右臂向后移，没有自我防御；

（6）右臂向后移凸显胸型；

（7）左腿虽然向外侧移开，却微微抬高，展现腿部线条；

（8）右鞋鞋跟在右脚上荡悠。

3. 一筹莫展的表现

当人们感到一筹莫展时，通常会有以下表现：

（1）都朝下看；

（2）眉头紧锁；

（3）都将手放到脸上（姿势不同）。

三个人的特点及差异：

左图：眉头紧锁表示困惑。

中间图：从疲惫和落寞的神情可以判断他很无奈。

右图：表示快要崩溃，想与外界隔绝。

4. 衣着得体与衣着不当

右图中的面试者的衣着不当之处有以下几点：

（1）领带与西装不搭；

（2）领结不是温莎结，也不是学院风的四手结；

（3）上衣口袋别着一支廉价钢笔；

（4）表带不是黑色；

（5）衬衣袖口未外露；

（6）未佩戴黑色腰带；

（7）袜子与西装的颜色反差较大；

（8）皮鞋样式过于花哨，没有穿黑色皮鞋。

5. 展现男性魅力

图中男士展现男性魅力的方式如下：

（1）胡须为第二性征，它是男子气概的标志；

（2）手臂放于脑后，看起来体型更高大；

（3）手臂放于脑后彰显自信；

（4）敞开衬衣袒露胸肌，看起来不修边幅；

（5）向后靠，挺胯。

6. 蒙娜丽莎

她的姿态表露了何种内心活动?

（1）心甘情愿

（2）情绪平和

（3）精神放松

（4）心存疑惑

（5）自信满满

（6）在等人

（7）全神贯注

（8）心满意足

（9）胸有成竹

（10）做白日梦

（11）反复思索

（12）怜悯

（13）感到无聊，又不好意思表现

（14）对你感兴趣

其实没有人知道确切答案，因为这至今还是世界上最大的谜团之一！

谨记：身体语言为你提供的只是可能性，无法保证绝对正确！

版权声明

身体语言

第1隊

马玉子绘

非语言沟通 (日常隐语)

- 个性
  - 说话
- 小动作
- 思考
  - 语速
- 口音

保操演练

- 微笑 / 着装
- 说话
- 身体待 / 双手
- 识人训练 / ……
- 5条 建议 热身
- 提高效率 (6个)
- 14种 身体语言 / ……

(识人训练)
- 权威 / 掌心向下
- 服从 / 只嘴笑
- ✗诚意
- 竞争 / 正对坐
- 防御 / 咬嘴唇
- 焦虑 / 身体前倾
- 感兴趣
- 评价 / 手托头

WHY
- 所见≠所想
- 7小效应 / 选择性注意
- 陷阱 / 范畴化 / 概括化

管理
- 衣着 / 得体
- 个体 / 独立
- 个人 / 卫生
- 面部
- 头发

(卷轴1)
1. 触摸自己
2. 咬下嘴唇
3. 双手抱胸前
4. 玩手
5. 转过脸
6. 向后退
7. 控制眼睛
8. 似笑非笑

克服紧张
- 暗示焦虑
- 演讲恐惧

站姿
- 面部表情
- 眼神
- 手势

展现自信
- 正面朝向
- 昂道站立
- 眼神接触
- 舒缓呼吸
- 安放双手
- 手边放水

融洽关系
方法
- 起点
- 说话方式
- 升级

身体语言
- 微笑 / ✓发自内心 / ✗假笑
- 握手

(卷轴2)
1. 右手干燥
2. 主动握手
3. 出手制胜
4. 保持私人距离
5. 左手功能
6. 官方照姿势
7. 握手礼
8. 拍照建议

影响力
- 避免干扰 / 鼓励提问
- 资源 获得
- 个人空间
- 14种技巧 提升

吸引力
- 自身优势
- 首因 / 近因 / 临近 效应
- 13种语言
- 21种假 / 性吸引力 / 交友识人
- 保持
- 魅力

(左侧人物图)
- 眼镜 / 眼睛 / 头发 / 声音
- 脸 / 肌肤 / 身高
- 体型 / 体香
- 腿

提升了力
姿态
- 昂首站直
- 伸展身体
- 抬头挺胸
- 手臂下垂
- 放松双手
- 不要后退
四肢
其他
- 语调平和
- 目光直视

提升自信
面部
- 微笑
- 眼神 交流
- 扬起下巴
姿态
- 昂首挺立
- 站稳
- 双肩平齐
- 端正坐姿
- 坐稳
其他
- 多 喝水
- 放慢 呼吸
- 放慢 语速 / 停顿
- 放慢 脚步
- 四肢 手 ✗乱动